평화를
꿈꾸는 곳
유엔으로 가자

도움주신 분들
김경수(유엔과 국제활동 정보센터 운영자), 이호승(국제원자력기구 Programme Management Officer), 김나혜(유엔 본부 평화유지국),
전지은(한국해외원조단체협의회 연구원), 김광희(유엔평화대학 학생), 이한진(네이버 포토갤러리 담당자),
김지현(유네스코 한국위원회 문화커뮤니케이션팀), 이지향(유네스코 아시아태평양 국제이해교육원), 김경선(유니세프 수단),
이효경(한국개발전략연구소 기획관), 김명신(유네스코 한국위원회 협동학교팀)

사진 제공
유네스코 아시아태평양 국제이해교육원(122쪽), 유넵 한국위원회(153쪽), 유엔(32쪽), 한겨레신문사(53쪽, 103쪽, 146쪽),
gratuliere(101쪽) 그 외 유엔과 국제활동 정보센터(ICUNIA) 제공.

평화를 꿈꾸는 곳 유엔으로 가자
ⓒ 유엔과 국제활동 정보센터, 오선아, 김효진 2010

초판 1쇄 발행 2010년 7월 16일 | **10쇄 발행** 2024년 4월 15일

지은이 유엔과 국제활동 정보센터(ICUNIA) | **동화 구성** 오선아 | **그린이** 김효진

펴낸이 이상훈 | **편집** 한겨레아이들 | **디자인** SALT & PEPPER Communications
마케팅 김한성 조재성 박신영 김효진 김애린 오민정

펴낸곳 (주)한겨레엔 www.hanibook.co.kr | **주소** 서울시 마포구 창전로 70(신수동) 화수목빌딩 5층
전화 02-6383-1602~3 | **팩스** 02-6383-1610 | **출판등록** 2006년 1월 4일 제313-2006-00003호

ISBN 979-11-7213-054-1 73330

• 값은 뒤표지에 있습니다.
• 이 책의 일부 또는 전부를 재사용하려면 반드시 저작권자와 (주)한겨레엔 양측의 동의를 얻어야 합니다.
• KC마크는 이 제품이 공통안전기준에 적합하였음을 의미합니다.
⚠ 책 모서리에 다치지 않게 주의하세요.

평화를 꿈꾸는 곳 유엔으로 가자

열두 살 직업체험
국제기구 편

유엔과 국제활동 정보센터 글
김효진 그림

한겨레아이들

머리말

유엔을 꿈꾸는 어린이들에게

여러분은 어떤 꿈을 가지고 있나요? 만화가가 되고 싶은 친구도 있을 것이고, 대통령이 되고 싶은 친구도 있을 것이고, 아직은 어떤 일을 하고 싶은지 결정하지 못한 친구들도 분명 있겠지요?

그런 많은 꿈 가운데 유엔에서 일하고 싶은 어린이들도 있을 거예요. 세계 여러 곳을 다니며 외국인들을 만나고 회의를 하는 멋진 모습을 상상하며 '나는 유엔에서 일할 거야.' 하고 말이지요.

그런데 여러분은 유엔에 대해 얼마나 알고 있나요? '유엔'이라는 이름을 들어 본 친구들은 꽤 있겠지만, 유엔이 왜 만들어졌는지, 얼마나 많은 국제기구들이 있는지, 또 국제기구들이 어떤 일을 하는지는 정확히 모르지요.

우리들은 흔히 유엔 하면 막연히 '세계 평화'를 먼저 생각하지만, 세계 평화를 위해 노력하는 국제적인 모임은 유엔 말고도 아주 많답니다.

이 책에서는 지구 환경을 위해 노력하는 유넵, 여러 나라가 고루 발전할 수 있도록 돕는 유엔디피, 세계 문화와 교육을 위해 일하는 유네스코, 모든 어린이들의 행복을 위한 유니세프까지 두루 살펴보고 있어요. 이 밖에도 많은 국제기구들

이 세계 평화를 위해 일하고 있답니다. 여러 국제기구들을 만나며 세계를 향한 꿈을 키워 보세요.

 참, 꼭 어른이 되어서야 세계 평화를 위해 일할 수 있는 건 아니랍니다. 여러분이 물이나 전기를 아껴 쓰고, 음식을 남기지 않는 일도 지구를 위하는 일이에요. 그리고 주변의 친구들과 사이좋게 지내는 것도 세계 평화에 기여하는 매우 의미 있는 일이랍니다.

 이 책은 유엔과 국제기구에 관한 책이지만, 유엔에 관심이 있는 어린이뿐 아니라 꿈을 찾고 있는 모든 어린이들이 함께 봤으면 좋겠어요. 꿈은 달라도 저마다 꿈을 이루기 위해 노력하는 마음은 똑같으니까요. 이 책은 꿈꾸는 여러분 모두를 위한 책이랍니다.

유엔과 국제활동 정보센터(ICUNIA)

차례

머리말 06

인물 소개 09

나대로, 유엔 체험단이 되다! 10

1 평화로운 세계를 만들어요
국제연합(UN)

나대로, 뉴욕으로 날아가다 17
평화로운 세상을 위한 화합, 유엔 26
유엔 본부에는 경찰도 못 들어온다고? 39
궁금타파 유엔은 어떻게 이루어졌나요? 44
다짜고짜 인터뷰 유엔 평화유지국, 김나혜 48

2 지구 환경을 지켜 주고 싶어요
국제연합환경계획(UNEP)

아프리카로! 51
하나뿐인 지구를 위해 59
궁금타파 유넵은 어떤 일을 하나요? 70

3 가난한 나라를 돕고 싶어요
국제연합개발계획(UNDP)

다시 만난 체험단 친구들   73
모든 아이들이 꿈꿀 수 있도록   76
궁금타파 유엔디피는 어떤 일을 하나요?   84

4 소중한 문화유산을 지켜 가요
국제연합교육과학문화기구(UNESCO)

여기는 유네스코 파리 본부!   87
모두 다르게, 모두 소중하게   90
궁금타파 유네스코는 문화 분야에서 어떤 일을 하나요?   100
다짜고짜 인터뷰 유네스코 한국위원회, 김지현   104

5 모두 평등하게 배울 수 있어야 해요
국제연합교육과학문화기구(UNESCO)

모두를 위한 교육   107
덥수룩 아저씨의 인권 이야기   114
궁금타파 유네스코는 교육 분야에서 어떤 일을 하나요?   120
다짜고짜 인터뷰 유네스코 아시아태평양 국제이해교육원, 이지향   122

6 아이들이 고통받지 않았으면 좋겠어요
국제연합아동기금(UNICEF)

유니세프 현장, 예멘으로 가는 길 **125**
예멘에서 만난 친구 **128**
마지막 날에 생긴 일 **136**
궁금타파 유니세프는 어떤 일을 하나요? **142**
다짜고짜 인터뷰 유니세프 수단, 김경선 **146**

다시 제자리로! **148**

아직 궁금한 것이 많아요! 152

1. 우리가 참여할 수 있는 활동은 없나요?
2. 유엔 직원은 어떻게 뽑나요?
3. 유엔, 무엇을 준비해야 할까요?
4. 유엔과 더 친해지고 싶어요
5. 그 밖에 어떤 국제기구들이 있나요?
6. 유엔에는 어떤 직업들이 있나요?

인물소개

배유미(12세)
어렸을 때부터 책을 많이 읽어 아는 것이 많은 똑소리 나는 여자아이. 하지만 궁금한 것이 생겼을 때 직접 부딪히기를 두려워하는 소심한 면도 있다. 나대로에게는 유달리 새침하다.
평소 국제기구에서 일하고 싶은 마음을 담아 유엔에 편지를 보내 유엔 체험단에 뽑혔다.

한연구(12세)
호기심 많고 탐구심 가득한 소년. 사차원이라 불릴 만큼 독특한 정신세계를 가졌다. 봉사 활동 경험이 많아 유엔 체험단으로 뽑혔다. 몸이 아픈 형과 함께 세계를 누비며 사람들을 돕고 싶다는 꿈을 키워 가고 있다.

나대로(12세)
이름은 '나대로'지만 '멋대로'라고도 불릴 만큼 마음대로 행동한다. 집에서는 외아들에 마마보이, 학교에서는 개구쟁이, 늘 투덜거리는 게 취미다. 어른이 되어 딱히 되고 싶은 것도 좋아하는 일도 없다. 공부하기 싫어 삼촌이 준 지원서를 썼는데 덜컥 뽑혀 졸지에 유엔 체험단이 된다.

장하니(26세, 유니세프 직원)
유니세프에서 기아 예방과 대책 마련을 위한 연구와 구호 활동을 하고 있다. 영어는 물론 프랑스어, 아랍어까지 다양한 언어를 할 줄 안다. 자기 기쁨뿐 아니라 다른 이에게도 행복을 주고 싶어 유니세프 직원이 되었다. 지금은 즐겁게 꿈을 이뤄 가고 있는 중이다.

나대로, 유엔 체험단이 되다!

'더불어 사는 지구촌, 유엔 체험단 한국 대표단을 아래와 같이 선발했으니…….'

"어, 이게 뭐지?"

무심코 우편함을 뒤지다 발견한 편지 한 장에 나는 눈이 휘둥그레졌다. 혹시 잘못 왔나 싶어 겉면을 다시 살펴보았지만 받는 사람에 분명 내 이름 나대로가 선명히 찍혀 있었다.

문득 얼마 전의 일이 떠올랐다.

몇 달 전, 정확하게 내 생일 전날이었다. 엄마는 하나밖에 없는 아들의 생일을 축하하려고 온 가족들을 불러 모았다. 국제기구에서 일하느라 외국에서 지내는 나답게 삼촌도 모처럼 입국한 터라 대대적인 가족 모임이 되었다. 그날 삼촌은 나에게 선물과 함께 종이 한 장을 주었다.

"대로야, 유엔 체험단을 모집한다던데 너 한번 응모해 봐. 응모 방법은 여기에 적혀 있는 대로 하면 되니까 간단해. 만약 네가 여기에 뽑히면, 삼촌이 네 일생일대 최고의 생일 선물을 준 거나 다름없을걸."

"치, 될지 안 될지도 모르는 거잖아. 난 분명하지 않은 일에 시간을 낭비하고 싶지 않아, 삼촌."

"너, 색다른 방학 보내고 싶지 않아? 이번 기회에 엄마 치마폭에서도 좀 벗어나 보지그래, 이 마마보이!"

삼촌은 살짝 꿀밤까지 주며 나를 놀렸다. 마마보이라니. 내가 그 말을 얼마나 싫어하는 줄 알면서! 나는 마마보이란 말에 화가 나 그딴 거 필요 없다고 소리치고는 방문을 닫아 버렸다. 분명 삼촌은 또 엄마에게 한소리했을 게 분명하다. 그만 좀 오냐오냐 키우고 독립심을 키워 줘야 한다고 말이다.

다음 날 아침, 엄마의 전화 소리에 눈을 떴다.

"성호 엄마, 신경 써 줘서 정말 고마워. 저번부터 그 강사 붙이려고 얼마나 애를 태웠는데."

아직 방학이 한 달도 더 남았는데 우리 엄마는 벌써 과외 팀을 짜고 있는 모양이다.

끔찍하다. 남은 방학이 어떻게 흘러갈지는 안 봐도 뻔하다. 희망 없는 내 성적표를 바꿀 수 있는 건 오직 족집게 과외뿐이라고 믿는 엄마 때문에 나는 방학 내내 고통받게 될 것이다. 탈출하고 싶다는 간절함이 스멀스멀 올라왔다. 그때, 머릿속에 번뜩이는 생각이 스쳐갔다. 이불을 박차고 일어나 책상 위에 아무렇게나 던져둔 종이를 집어들었다.

"그래, 이거야!"

나는 삼촌이 준 유엔 체험단 지원서를 쥐고 마음을 다잡았다. 사나이가 말을 바꾸는 건 창피한 일이지만 달리 선택의 여지가 없었다. 일단 공부 지옥에서 탈출할 수 있는 기회는 이것뿐이었다. 응모 방법은 의외로 간단했다.

지원서에 나의 꿈을 적어 유엔에 보내면 되었다. 하지만 막상 쓰려고 하니 쓸 말이 생각나지 않았다. 그렇다고 거짓으로 꾸며서 쓰자니 그건 더 어려운 일이다. 그래서 밑져야 본전이라는 생각으로 솔직하게 적었다. 아직까지는 되고 싶은 것도, 하고 싶은 것도 없지만 언젠가는 생길지도 모른다고 말이다. 솔직하게 쓰고 나니 마음은 편했지만 보나마나 떨어질 게 뻔했다.

그러고는 까마득히 잊고 지냈는데 내가 그 체험단에 뽑힌 것이다. 이건 기적이 아닐까? 하지만 뽑혔다고 마냥 좋아할 건 아닌 듯했다.

막상 집을 떠나, 그것도 다른 나라에 가서 처음 보는 사람들과 낯선 상황에 부딪혀야 한다고 생각하니 두려움이 앞섰다. 그냥 여행하는 거라면 신나겠지만 이건 그게 아니었다. 잘 알지도 못하는 사람들과 유엔 체험이리니……. 덜컥 겁이 났다.

"나대로, 얼른 간식 먹고 학원 가야지. 뭘 꾸물거리는 거야?"

엄마의 잔소리가 또 시작됐다.

'공부냐, 고생이냐 이것이 문제구나!'

내 머릿속은 갈팡질팡 거미줄처럼 엉망이 되어 버렸다.

'그래, 까짓 거. 별것 있겠어? 설마 초등학생한테 일을 시키겠어? 공부만 안 하면 되는 거지.'

그다지 오래 고민할 것도 없었다. 마마보이 나대로를 벗어날 수 있는 좋은 기회라는 생각도 들었다.

'좋아! 엄마 없이도 잘할 수 있다는 걸 보여 주겠어. 두고 보라고!'

마마보이라고 놀리던 친구들과 삼촌의 얼굴을 떠올리며 나는 주먹까지 불끈 쥐었다. 일단 선택한 이상 앞으로 가 보는 수밖에!

나의 유엔 체험기는 이렇게 시작되었다.

1 평화로운 세계를 만들어요
국제연합(UN, 유엔)

나대로, 뉴욕으로 날아가다

바로 오늘, 한 번도 한국을 떠나 본 적이 없는 나, 나대로가 뉴욕으로 떠나는 날이다. 공항 안은 여러 국적의 사람들로 북적거리고 있었다. 집에서는 큰소리 뻥뻥 치며 잘 다녀오겠다고 했지만 벌써부터 내 다리는 후들거리고 있었다.

"여기가 맞는 것 같은데. 왜 아무도 안 보이지?"

낯선 곳으로 떠난다는 두려움 때문인지 나는 계속 주변을 두리번거리며 아는 얼굴을 찾고 있었다. 며칠 전 체험단 예비 교육 때 만난 배유미라는 여자 아이가 생각났다. 눈이 동그랗고 뽀얀 예쁜 얼굴이었지만 왠지 새침해 보여 쉽게 말을 걸지 못했다. 함께 떠나기로 한 또 한 명의 친구는 그날 사정이 있어 오지 않아 아직 얼굴도 모른다.

긴장되는 마음을 누르려 공항 유리문에 얼굴을 비추며 씩 웃어 보았다.

'잘할 수 있어, 나대로!'

옷매무새를 가다듬고 머리끝에서 발끝까지 한번 훑어보고 돌아서려는데, 아뿔싸! 이번 여행을 위해 새로 장만한 신발 한쪽에 얼룩이 묻어 있는 것이 아닌가! 아까 화장실에 갔다 오다가 웬 녀석과 부딪쳤는데 그 녀석이 밟은 게 틀림없다. 그냥 한번 째려보고 나왔는데, 이렇게 신발이 더러워진 걸 보니 한 대 때려 줄 걸 그랬다. 신발 끈을 고쳐 매고 일어서려는데, 누군가 내 등을 쳤다.

"대로야! 일찍 왔구나? 누나가 먼저 와서 기다리고 있어야 했는데……."

예비 교육 때 만난 장하니 단장 누나였다. 말할 때나 웃을 때마다 보조개가 쏙쏙 들어가는 예쁜 누나를 보니 긴장이 풀리는 것 같았다. 어라, 그런데 누나 옆에 있는 저 녀석은…….

"참, 너희들 처음 보는 거지? 서로 인사해. 유엔[1] 체험단 한국 대표로 앞으로 함께 지낼 친구야."

이건 또 무슨 해괴망측한 소리인가! 내 눈앞에는 아까 화장실에서 부딪친 그 조그만 녀석이 서 있었다. 앞으로 저 녀석과 같이 지내야 하다니. 녀

1 유엔

유엔을 알려면 먼저 국제연맹에 대해 알아야 해요. 1914년 6월 28일, 오스트리아-헝가리 제국의 황태자가 사라예보를 방문했다가 한 세르비아 청년이 쏜 총탄에 맞아 죽게 되지요. 오스트리아-헝가리 제국은 곧바로 세르비아에 전쟁을 선포했어요. 이에 유럽은 '연합국'과 '동맹국'으로 나뉘어 전쟁을 시작했고, 뒤에 미국과 일본이 연합국에 합세하며 제1차 세계대전으로 퍼집니다. 전쟁은 연합국의 승리로 끝났지만 모두 막대한 피해를 입었지요. 이를 계기로 세계는 평화로운 방법으로 갈등을 해결해 나가는 단체를 만들기로 했어요. 그렇게 국제연맹이 탄생된 거지요. 국제연맹은 제네바에 본부를 두고 크고 작은 국제 분쟁을 해결했어요. 그렇지만 다시 제2차 세계대전이 일어났고, 사람들은 더 강력한 평화 유지 기구를 원했어요. 그래서 1945년 10월 국제연합(유엔)이 생겨났어요. 현재 회원국은 192개 나라로, 남한과 북한은 1991년 함께 가입했어요.

석은 나를 기억하지 못하는지 별 기색이 없었다. 왠지 모른 척하는 것 같아 더욱 얄밉게 느껴졌다.

"참, 유미는 아직 안 왔니?"

하니 누나의 말이 떨어지기 무섭게 유미가 무거운 짐 가방을 들고 저쪽에서 나타났다. 말 걸기 쉽지 않은 새침한 유미, 그리고 내 신발을 엉망으로 만들고도 모른 체히는 조그만 녀석과 이번 체험을 함께해야 한다니. 마음에 들지 않는 애들과 함께 지내느니 차라리 공부를 하는 게 더 나을지도 모른다는 생각이 들었다. 내 마음도 모르는 하니 누나는 발걸음이 느린 나를 재촉하며, 비행기 개찰구 앞으로 갔다.

드디어 비행기가 이륙하기 시작했다. 조그만 녀석을 피하려고 일부러 안쪽 자리로 들어가 앉았는데, 하필 녀석이 내 옆자리에 앉았다.

"난 한연구라고 해."

'그래서?' 하는 표정으로 말없이 쳐다보니,

"아, 니 이름은 나대로지. 아까 들어서 알았어."

혼자 북 치고 장구 치고 한다. 괜히 연구가 거슬렸다. 게다가 녀석은 헤드폰을 끼고 내가 알아들을 수도 없는 외국 방송을 보며 낄낄거리는 게 아닌가. 늘지 않는 영어 실력 때문에 늘 엄마에게 혼나는 나는 조금 기가 죽었다. 게다가 더러워진 신발을 볼수록 더 화가 났다.

나는 화장실을 핑계로 지나가며 실수인 척 연구의 발을 밟았다. 하지만 녀석은 나의 소심한 복수에 별 반응이 없었다. 나는 녀석이 거슬렸지만 별 움직임이 없자 나도 모르게 어느새 잠이 들어 버렸다.

한참을 자고 있는데 도란도란 나누는 이야기 소리에 잠이 깨었다. 나를 뺀 나머지 세 명은 내일 유엔 체험 일정에 대해 이야기를 하고 있었다. 애들은 도대체 잠도 없고 화도 낼 줄 모르는 이상한 괴물들 같아 보였다.

"연구야, 나 엄청 기대돼. 뉴스에서만 보던 유엔 본부를 직접 가 보다니! 왠지 유엔에서 일하는 사람들은 우리랑 다른 사람들일 것 같아. 굉장히 똑똑하고, 조금은 차갑고, 무지 멋지긴 한데 다가가서 말 걸기는 힘들 것 같아. 넌 어때?"

"나도 오기 전에 유엔에 관련된 책을 많이 읽긴 했지만 실제로 볼 걸 생각하니 떨려. 그런데 유엔 직원이라고 해서 모두 뉴욕에 있는 유엔 본부에서 일하는 건 아니래. 빈곤 국가나 분쟁 지역 같은 데서 일하는 사람들도 많다고 하더라."

"그래? 연구야, 나도 공부 열심히 하면 유엔에서 일할 수 있을까?"

"유엔에서 무슨 일을 하고 싶은데?"

"글쎄. 유엔에서 일한다고 하면 왠지 영어도 잘할 것 같고 세계 여러 나라 친구들도 많을 것 같고, 멋지잖아!"

유미의 말에 나는 손목에 있는 시계를 보여 주며 목에 힘을 주고 말했다.

"야, 우리 삼촌도 유엔에서 일해. 이 시계도 삼촌이 며칠 전에 생일 선물로 준 거야."

"어머, 자는 줄 알았는데 언제 일어났어? 지금껏 우리 말 다 들은 거야?"

나는 자는 척한 게 들킨 것 같아 부끄러워 도리어 화를 냈다.

"너희들은 잠도 없냐? 얘기는 이따 도착해서 하고 잠 좀 자게 조용히 좀 하지그래? 너희들이 시끄럽게 해서 깬 거잖아."

"그런데 너희 삼촌이 유엔에서 무슨 일 하시는데?"

유미의 질문에 갑자기 나는 말문이 막혔다. 사실 나는 삼촌이 유엔에서 일한다는 것만 알았지 무슨 일을 하는지 정확히 모르고 있었다.

"어…… 아프리카에서 일해."

"아프리카에도 유엔이 있어?"

눈을 동그랗게 뜨고 유미가 물었다.

"그럼."

힘주어 말했지만 왜 아프리카에 있냐고 물어볼까 봐 속으로 전전긍긍하고 있었다.

"아프리카에는 국제연합환경계획(UNEP)이라는 환경 기구가 있어."

연구의 말에 그제야 마음이 놓였다.

"야, 넌 삼촌이 무슨 일을 하는지도 모르고, 유엔이 뭔지나 알고 가는 거니? 혹시 먹는 거나 가수 이름인 줄 아는 건 아니지?"

쿡쿡 찌르며 놀리는 유미의 장난에 난 얼굴이 빨개졌다.

"유엔? 유엔이…… 그게 유나이티드……."

"그럴 줄 알았어. 그것도 잘 모르면서, 너 같은 애가 어떻게 체험단에 뽑혔는지 신기해."

나는 유미를 당장이라도 잡아먹을 듯 째려보며 말했다.

"그런 거 다 알면 여길 왜 왔겠어? 잘 모르니까 배우러 온 거 아냐. 그러는 너는 뭐 얼마나 알기에 시비야?"

나와 유미가 실랑이를 벌이자 하니 누나가 나섰다.

"얘들아, 비행기에선 조용히 해야지. 첫날부터 왜 다투고 그러니? 이제부터 우리나라를 대표하는 체험단으로 뽑혔으니 몸가짐을 똑바로 해야지. 자자, 그만하고 일정 이야기를 좀 할게. 우리는 유엔 본부부터 둘러볼 거야."

"우와! 정말이요?"

유미는 뭐가 그렇게 신나는지 들뜬 목소리로 대답했다.

"그리고 아까 유미가 대로한테 물었던 유엔은 영어로 'United Nations'라고 해. 앞 글자를 따서 'UN'이라고 부르는 거야."

하니 누나가 유엔에 대해 설명하자 나는 얼른 알은체했다.

"아까는 잠에서 막 깨서 생각이 안 났던 것뿐이에요. 그런 건 나도 알아요. 유엔이 국제연합이잖아요?"

배유미도 질세라 나섰다.

"제가 알기로는 유엔은 회원국이 192개 나라라면서요?"

"다들 잘 알고 있네. 그래 정확해. 오늘은 일단 숙소에서 짐을 풀고 내일 유엔 본부에 가서 더 많은 이야기를 들려줄게. 아마 너희들이 이제껏 경험한 일 가운데 가장 멋진 시간이 될 거야."

하니 누나의 말에 가슴이 두근거리기 시작했다. 기대감이 벅차올라 한연구와 배유미에 대한 얄미운 감정을 순식간에 쓸어 버렸다.

평화로운 세상을 위한 화합, 유엔

숙소에 도착하자마자 침대로 직행한 나는 다음 날 일정대로 움직이기 위해 피곤한 몸을 일으켰다. 물론 같은 방을 쓰게 된 연구가 깨워 주지 않았다면 낮 12시가 되어도 일어나기 힘들었을 것이다.

처음부터 특이하다고 생각했던 연구는 아침부터 특이한 행동들을 시작했다. 정말 이름 그대로 연구 대상이다. 호텔 방 구석구석 사진을 찍는가 하면 수첩에 뭔가를 열심히 적어 댔다. 솔직히 어제 내가 일부러 시비를 걸었다는 걸 이 녀석은 충분히 알고도 남았을 것이다. 그런데 왜 한 번도 화를 내지 않는 걸까? 어찌 보면 꺼벙해 보이기도 하고, 나와는 정말 차원이 다른 사차원 세계에서 온 녀석 같다.

"넌 뭘 그렇게 적냐? 체험 기간 끝나고 시험 보는 것도 아닌데."

연구는 그냥 웃을 뿐이었다. 그리고 가방에서 뭔가를 꺼내 내게 건넸다.

"이거 유엔기인데 너 하나 줄까?"

"이런 건 또 뭐 하러 가져왔냐? 이게 있어야 들어갈 수 있대?"

"그런 건 아니고, 오늘부터 본격적으로 유엔 체험하잖아. 기념으로 들고 다니려고 준비해 왔어."

"촌스럽긴. 그걸 왜 들고 다녀. 난 됐어."

또 나도 모르게 비아냥거리는 말투로 연구에게 쏘아 댔다. 어제 일이 조금 미안하기도 했지만 촌스럽게 깃발 같은 걸 들고 다니기는 싫었다.

유엔 본부로 향하는 차 안에서 꺼벙이 연구는 유미와 하니 누나에게도 유엔기를 건넸다. 나와는 달리 둘은 무척 좋아했다.

"이야, 한연구. 대단한데. 이런 것까지 준비해 오다니 말이야."

유미는 바람결에 펄럭펄럭 휘날려 보기까지 했다.

하니 누나는 유엔기에 그려진 그림을 보며 그 의미를 설명해 주었다.

"가운데 지도 그림은 북극 위쪽 하늘에서 지구를 봤을 때 모습을 그대로 나타낸 거야. 우리가 살고 있는 5대양 6대주를 표현한 거지. 그 주위에는 올리브 가지가 지구를 감싸고 있지? 올리브 잎은 평화를 상징해. 그러니까 유엔기는 전쟁이나 폭력, 차별, 굶주림 없이 모든 사람이 평화롭게 살아갈 수 있는 세상을 나타내고 있어."

"그깟 그림 하나에 그렇게 의미심장한 뜻이 담겨 있다고요?"

괜히 나만 빈손인 것이 멋쩍어 비꼬아 말했다.

"아무튼 넌 오늘도 사사건건 시비니? 그럼 이 깃발에 일일이 길게 설명을 적어 놔야 하니? 이 바보 투덜이야."

유미는 한심하다는 듯 나를 흘겨보며 바보 투덜이라고 놀려 댔다. 이제 나의 안테나는 연구에서 유미로 방향을 돌렸다. 좀 예쁘장하게 생겨서 봐주려고 했더니 사사건건 나를 가만두지 않으니 말이다. 도대체 쟤는 뭘 믿고 저렇게 기세등등한 걸까?

배유미를 골탕 먹일 계획을 짜는 동안 밖으로 멋진 건물이 펼쳐졌다.

"야, 저기 유엔 본부다!"

유미가 먼저 소리쳤다. 아직 유미를 골탕 먹일 계획이 완성되기도 전에 목적지에 도착해 버린 것이다.

'유미 너, 두고 보자. 나더러 바보 투덜이라고 했지? 후회하게 해 주마.'

유미가 먼저 내리자 나는 손을 들어 올려 유미를 때리는 시늉을 했다. 여구는 그 모습을 보고는 내 손에 유엔기를 들려 주었다. 그리고 웃으며 그렇게 하지 말라고 고개를 저어 보였다.

정말 뽈테에 꺼벙이까지 내 편은 하나도 없었다. 나의 쓰라린 속마음을 아는지 모르는지, 어느새 우리 일행은 유엔 본부에 다가와 있었다.

"어, 건물 앞에 저 조각상 좀 봐. 총 앞부분이 꽈배기처럼 비틀어져 있어."

특이한 애 눈엔 특이한 것만 보이는 법인가 보다. 커다란 유엔 건물에만 눈이 팔려 있던 나는 저만치 있는 조각 작품을 보고 신기해하는 한연구가 더 신기해 보였다.

"연구의 눈썰미는 알아줘야 해. 너희들도 저길 봐. 총부리가 저렇게 매듭지어져 있으면 총을 쏠 수 없겠지? 못 쏘는 총은 쓸모가 없게 되는 거잖니. 더 이상 전쟁 때문에 죽는 사람도 없어질 테고 말이야."

하니 누나는 특이한 한연구를 추어올려 주었다.

"그러니까 저 조각 작품 역시 큰 의미를 품고 있는 거네요. '더 이상 총을 쏘지 않는 평화로운 세계를 만들자' 이거잖아요?"

"그렇지. 역시 너희들은 하나를 알려 주면 열을 알아."

누나의 칭찬에 신이 났는지 배유미는 한껏 폼을 잡았다. 꺼벙이 한연구는 여전히 열심히 무언가를 적고 있었다.

하니 누나는 유엔 본부가 모두 네 개의 건물로 이루어져 있다고 알려 주었다. 바로 앞에 보이는 39층짜리 사무국 빌딩과 총회 회의실 건물, 컨퍼런스 빌딩(안전보장이사회, 신탁통치이사회, 경제사회이사회 회의가 열리는 곳), 도서관 이렇게 말이다. 도서관은 '함마슐드 도서관'이라고 불리는데, 2대 사무총장[2]이었던 함마슐드 총장이 비행기 사고로 사망한 것을 기리기 위해 그의 이름을 붙였다고 했다.

평일인데도 유엔 본부는 관광객으로 북적였다. 하루에 2,000명 가까이 방문한다고 한다.

유엔 본부 3층에 있는 큰 벽화가 내 눈길을 끌었다.

"이 벽화는 색이 바랜 거예요? 왼쪽에서 오른쪽으로 갈수록 그림이 점점 밝아지는데요?"

"나대로, 관찰력이 제법 뛰어난데! 그건 색이 바랜 게 아니라 일부러 그렇게 표현한 거래. 그림을 자세히 보면 왼쪽에서 오른쪽으로 갈수록 그

[2] **사무총장**

유엔 사무총장은 안전보장이사회를 열어서 여러 나라 사이에 복잡하게 얽힌 이해관계를 조정하고, 사람이 마땅히 누려야 할 권리를 보장받지 못하는 사람들을 돕는 등 세계의 평화를 유지하는 중요한 일을 해요. 유엔 사무총장은 어떤 국가나 기구로부터 압력을 받지 않고 자유롭게 활동합니다. 또 4만여 유엔 직원들의 인사권과 40억 달러에 달하는 예산을 집행할 권한도 가지고 있어요. 그래서 '세계 최고의 외교관'이라고도 부르지요. 유엔 사무총장은 내륙별로 돌아가며 뽑는 것이 관행으로 굳어져 있어요. 임기는 5년이지만 연이어 한 번 더 할 수도 있어요. 반기문 전 사무총장은 8대 유엔 사무총장으로 일했어요.

© UN photo / Lois Conner

림 색상이랑 분위기가 점점 밝아지고 있지? 왼쪽은 2차 세계대전의 어두웠던 면인 살상과 약탈, 죽음 등을 표현한 것이고 중간 부분은 세계의 평화와 국제 협력을 위해 유엔이라는 기구가 만들어지는 것을 표현한 거야. 오른쪽을 봐. 색이 밝고 희망적이지? 바로 가족의 화합, 세계의 평화와 공동 발전을 이야기하고 있는 거야. 특히 가운데 윗부분을 주목해서 봐 봐. 팔이 네 개 보이지? 참혹하고 어두웠던 과거에서 벗어나 꿈과 희망이 넘치는 세상을 만들기 위해 전 세계가 힘을 합해야 한다는 것을 의미해."

"언니, 바로 밑에는 추를 든 사람이 있어요. 모든 인간은 평등하다 뭐 그런 의미인가요?"

"오우~ 놀라워, 유미야."

"누나, 회의실은 대체 어디에요?"

나는 유미의 잘난 체하는 꼴을 더 이상 보기 싫어 발길을 재촉했다.

"얘들아, 여기서부터는 조용히 하자. 지금 회의가 열리고 있으니까. 쉿!"

"누나, 저 앞 중앙에 앉은 분이 반기문 아저씨죠?"

나는 의기양양하게 말했다.

"이곳은 유엔 총회³ 회의실이야. 그러니까 저 가운데 계신 분은 사무총장이 아니라 유엔 총회 의장님이야."

괜히 잘난 척을 해 보려다가 하니 누나 말에 나는 멋쩍게 머리만 긁적였다.

"유엔 총회는 유엔이 다루는 다양하고 중요한 사안들을 결정하는 곳이야. 유엔 회원국의 외교관들이 대표로 참석해서 자기 나라의 의견을 말하고, 다른 나라와 의견을 조율하는 거지."

> **³유엔 총회**
> 192개 유엔 회원국이 모두 모여 유엔의 모든 업무를 결정하는 최고 기관이에요. 정기 총회는 일 년에 한 번이지만, 특별한 경우에 특별 총회, 긴급 총회도 열려요. 회의 때는 가난한 나라건 부자 나라건 모두 공평하게 한 표씩 투표권을 행사해요. 반기문 사무총장도 안전보장이사회에서 추천하고 총회에서 투표로 결정했답니다.

누나의 설명은 하나도 재미가 없었다. 뭔가 대단한 곳인 것 같기는 했지만 아직까지는 공감이 되지 않았다.

"언니, 어떻게 해야 유엔에서 일할 수 있어요? 이런 데서 일하면 정말 멋질 것 같아요."

"유엔은 정말 많은 사람들이 다양한 일을 하고 있단다. 막연하게 유엔에서 일하면 멋질 것 같다고 해서 국제공무원을 꿈꾸는 것은 위험해. 그보다는 자신이 어떤 분야에 관심이 있고 소질이 있는지를 알고 키워 가는 것이 중요하지. 이번 유엔 본부 체험이 끝나면 곧바로 유엔 전문 기구 체험이 이뤄질 거야. 유엔에서 일하고 싶다면 어떤 분야의 전문가가 되고 싶은지부터 먼저 고민해 보는 것도 좋겠지?"

한마디로 쌤통이었다. 하니 누나의 말에 잘난 척 기세등등하던 유미의 코가 순식간에 납작해졌다.

하니 누나는 다음 장소로 이동하자고 했다.

"여기까지 왔는데 그냥 가자고요? 반기문 아저씨, 아니 사무총장 아저씨랑 사진 한 장 정도는 찍고 가야죠. 그래야 친구들한테 자랑이라도 하죠."

평소에 반기문 사무총장을 엄청나게 존경이라도 했다는 듯, 나는 투정을 부렸다. 이곳에서 아는 사람이라곤 그분뿐이었다. 그래서인지 나는 반기문 총장을 눈앞에 두고 그냥 간다는 것이 무척 아쉬웠다.

"반기문 총장은 분 단위로 시간을 쪼개서 사람을 만날 만큼 바쁜 분이라 쉽게 만날 수 없어. 하지만 포기는 하지 말자. 체험 기간 동안 우연히 한 번이라도 뵐 수 있는 행운을 빌어 보자고. 그럼 다음 장소로 이동해 볼까?"

하니 누나는 다음 장소로 우리를 안내했다. 하지만 나는 괜히 아쉬워 다른 회의장 문을 기웃거렸다.

"지금 열리는 회의는 무슨 회의예요?"

"쉿! 소곤소곤 말해야지. 여기서는 국제연합 안전보장이사회[4]가 열리고 있어. 줄여서 '안보리'라고 해. 각 나라 대표들이 모여 세계 평화에 대해 이야기를 나누는 곳이야. 이런 노력들 덕분에 세계 평화가 유지되고 있는 거란다."

"그럼 모두 영어로 말하셨네요?"

배유미가 소곤거리며 말했다.

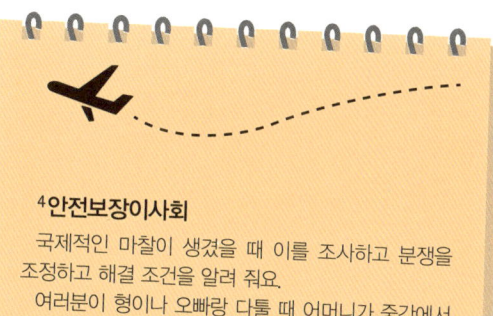

[4] **안전보장이사회**
국제적인 마찰이 생겼을 때 이를 조사하고 분쟁을 조정하고 해결 조건을 알려 줘요.
여러분이 형이나 오빠랑 다툴 때 어머니가 중간에서 잘잘못을 따지고 화해하도록 돕는 것과 같아요. 또 어떤 나라가 평화를 위협하거나 다른 나라를 침략했을 때 국제 평화와 안전을 위해 강세 제재를 가할 수도 있어요.
안전보장이사회는 미국, 영국, 프랑스, 중국, 러시아로 구성된 상임이사국과 10개의 비상임이사국으로 구성되어 있어요.

> [5] **공용어**
> 국제기구에는 다양한 나라의 사람들이 모여 함께 일하고 있어요. 그래서 국제기구 안에서 공식적으로 사용하는 언어를 정해 두었답니다. 국제 공무원은 세계 여러 나라를 다니며 일하기 때문에 다양한 언어를 익히는 것이 중요해요.

"물론이지. 하지만 모든 국제기구에서 영어만 사용하는 것은 아니야. 유엔에서 정한 공용어[5]로는 영어, 중국어, 프랑스어, 러시아어, 스페인어, 아랍어가 있단다."

"우와, 정말 대단하다. 2개 국어는 기본이란 말이잖아요."

"그게 그렇게 어려운 일은 아니야. 누구나 이곳에서 일하고 싶은 꿈을 갖고 있다면 충분히 가능한 일이야. 열심히 공부하고 꿈을 이루기 위해 차근차근 준비만 한다면 말이야. 외국어 공부 외에도 인종, 종교, 언어에 상관없이 모든 사람의 존엄성을 인정하고 평등하게 대하는 마음도 중요해."

오늘 유엔 건물에 들어선 뒤부터 내 머릿속은 복잡 그 자체였다. 오늘 주제는 국제공무원이 무엇인지 알아보기 위한 체험이라고 했는데, 이렇게 복잡한 곳에서 뭘 해야 하는 건지 도대체 뭘 체험하게 되는 건지 이해가 가지 않았다. 남은 체험은 언제 다 마칠 수 있을지 막막했다. 나는 빨리 한국으로 돌아가고 싶었다.

하지만 한편으로는 누나를 따라 이곳저곳을 돌아다니며 설명을 듣고 나니 처음 생각했던 것과는 다르다는 걸 어렴풋이 깨닫게 되었다. 그동안 나

는 유엔이 국제회의를 여는 정치인들의 모임이라고만 알고 있었다. 하지만 직접 눈으로 본 유엔은 완전 딴 세상이었다. 그곳에는 정말 수많은 사람들이 행정, 회계, 인사 담당자, 홍보 전문가, 컴퓨터 프로그래머, 방송 전문가, 의사, 환경 전문가 등 저마다 맡은 분야에서 열심히 일하고 있었다.

수많은 회의가 곳곳에서 열리고 있었는데 공통적인 주제는 세계 평화였다. 내가 집에서 늘 공부하기 싫어 투덜대고 있을 때, 이곳에서는 세계를 위해 이렇게 일을 하고 있었던 것이다. 내 자신이 부끄러워지기도 했지만, 그들 덕분에 마음이 든든했다.

유엔 본부에는 경찰도 못 들어온다고?

"어머, 저기 좀 봐. 저분은 오바마 대통령 아니에요?"

유미의 말에 우리 모두는 일제히 유미가 가리키는 곳을 쳐다보았다. 정말 저만치에서 오바마 대통령이 유엔 본부로 걸어 들어오고 있었다.

"야, 경호원들 장난 아닌데."

나는 오바마 대통령을 직접 눈앞에서 본 것도 놀라웠지만 대통령을 둘러싼 수많은 경호원들의 몸놀림이 더욱 멋지고 놀라워 보였다.

"저분들은 오바마 대통령 경호원들이 아니고 모두 유엔 직원인 보안 담당관들이야."

하니 누나가 바로잡아 주었다. 나는 매번 내 말이 사실과 다른 것이 영 못마땅했다. 유미는 뭐가 웃긴지 키득거렸다.

"왜 유엔 직원이 직접 경호를 해요? 그 많은 경호원들은 어쩌고요?"

"유엔 본부 안은 모두 치외법권[6]으로 되어 있어. 그래서 미국 대통령이 방문할 때도 유엔 본부 정문

> **[6] 치외법권**
> 유엔 본부는 뉴욕 맨해튼에 있지만 미국의 영토가 아니라 국제 영토예요. 따라서 유엔 본부 안에서 범죄가 일어나더라도 미국 경찰이 들어오거나 미국 정부가 관여할 수 없답니다. 유엔 본부 안에서 문제가 생기면, 반기문 사무총장의 지휘와 명령 아래 문제를 해결하지요.

까지만 대통령 경호원이 경호를 담당하고, 본부 안으로 들어오면 유엔 보안 담당관이 맡게 되는 거지."

"유엔에는 변호사나 의사, 컴퓨터 전문가, 홍보 전문가뿐만 아니라 보안 담당관까지 정말 다양한 직업이 있구나!"

나는 감탄이 저절로 터져 나왔다. 그리고 그중 보안 담당관들이 가장 멋져 보였다. 이런 곳에서 대통령을 경호한다니 정말 대단해 보이기까지 했다.

"그런데 너희들 이런 거 생각해 봤니? 우리는 왜 전쟁을 반대하고 평화로운 세상을 만들려고 애쓰는 걸까? 왜 이렇게 세계 모든 나라가 모여 평화를

위해 노력하는 걸까?"

갑자기 던진 장하니 누나의 엉뚱한 질문은 우리 모두를 당황스럽게 했다. 세계 평화가 유지되어야 한다는 건 기본 상식이다. 하지만 우리는 모두 시원하게 대답을 못하고 한동안 멈칫했다.

잠시 뒤 똑순이 유미가 나섰다.

"전쟁은 죄 없는 사람들을 죽게 만들잖아요. 그러니까 당연히 평화를 꿈꾸는 게 아닐까요?"

"저번에 텔레비전을 봤는데 아직도 전쟁 때문에 고통과 두려움에 떨고 있는 나라들이 많더라고요. 그리고 우리가 누리고 있는 평화도 위태롭게 유지되고 있다고 부모님이 말씀하셨어요. 이런 불안함을 모두 없애고 지금도 어디선가 떨고 있을 그들을 모두 안아 주기 위해서가 아닐까요?"

한연구도 한몫 거들었다.

"이야, 그게 바로 누나가 말하려던 거였는데."

하니 누나는 연구의 머리를 쓰다듬어 주며 말했다.

'내가 먼저 말할걸. 그런 건 나도 다 아는 얘기인데…….'

"누나! 도대체 유엔 체험은 언제할 거예요?"

역시 난 대책 없으면 화부터 내는 제멋대로인 모양이다. 나도 모르게 또 심술이 나기 시작했다.

"급하긴, 차근차근 일을 이뤄 나가야지. 대로야, 넌 정말 이곳에 오기를 잘한 것 같아. 이곳에서 누구보다 많은 걸 배울 수 있겠는걸."

하니 누나는 내 엉덩이를 살짝 때리며 말했다. 누구는 머리를 쓰다듬어 주면서 누구는 엉덩이를 때리다니……. 한연구랑 배유미만 싸고도는 누나가 얄미웠다.

"자, 다음에 갈 곳은 아프리카란다."

"네에?"

우리 셋의 눈동자가 휘둥그레졌다. 미국은 그나마 익숙한 나라였지만 아프리카라니. 갑자기 열대 우림 속에서 헤매게 되는 것은 아닌지 걱정이 앞섰다. 그래도 아프리카에 삼촌이 있다는 것이 그나마 다행이었다.

유엔 본부를 뒤로하고, 우리는 아프리카로 가는 비행기에 몸을 실었다.

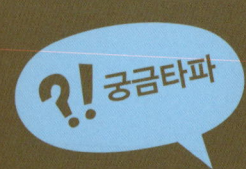 궁금타파

유엔은 어떻게 이루어졌나요?

유엔 구조

❶ 조직
- 총회
- 안전보장이사회
- 경제사회이사회
- 신탁통치이사회
- 국제사법재판소
- 사무국

❷ 산하기구
- 국제연합개발계획(UNDP)
- 국제연합난민고등판무관사무소(UNHCR)
- 국제연합마약통제계획(UNDCP)
- 국제연합무역개발회의(UNCTAD)
- 국제연합환경계획(UNEP)
- 국제연합인권위원회(UNCHR)
- 국제연합인종차별철폐위원회(UNCERD)
- 평화유지활동관련기구(PKO)
- 그 외, 각 지역 위원회

❸ 전문기구
- 국제노동기구(ILO)
- 국제연합농업개발기구(IFAI)
- 국제민간항공기구(ICAO)
- 국제전기통신연합(ITU)
- 국제통화기금(IMF)
- 국제해사기구(IMO)
- 만국우편연합(UPU)
- 세계기상기구(WMO)
- 세계보건기구(WHO)
- 국제개발협회(IDA)
- 국제금융공사(IFC)
- 국제부흥개발은행(IBRD)
- 국제투자보증기구(MIGA)
- 국제투자분쟁해결기구(ICSID)
- 세계지적재산권기구(WIPO)
- 국제연합공업개발기구(UNIDO)
- 국제연합교육과학문화기구(UNESCO)
- 국제연합식량농업기구(FAO)

❹ 독립기구
- 국제원자력기구(IAEA)
- 세계무역기구(WTO)

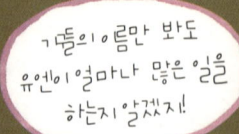

유엔에는 어떤 조직이 있나요?

유엔의 주요 활동은 크게 평화 유지, 군사 시설과 전쟁 장비 축소, 국제 협력 활동으로 나눌 수 있어요. 유엔은 총회를 비롯하여 사무국, 안전보장이사회, 경제사회이사회, 신탁통치이사회, 국제사법재판소 이렇게 여섯 주요 기구와 그 관할 아래 많은 보조 기구와 열여섯 개의 전문 기구가 있어요.

또 대표적인 유엔 사업 및 기금으로는 국제연합난민고등판무관실(UNHCR), 국제연합아동기금(UNICEF), 국제연합무역개발협의회(UNCTAD), 국제연합개발계획(UNDP), 세계식량계획(WFP), 국제연합환경계획(UNEP) 등이 있지요.

대표적인 전문 기구로는 국제연합식량농업기구(FAO), 세계보건기구(WHO), 국제연합교육과학문화기구(UNESCO), 국제노동기구(ILO), 국제민간항공기구(ICAO), 만국우편연합(UPU), 국제전기통신연합(ITU), 세계기상기구(WMO), 세계지적재산권기구(WIPO), 국제농업개발기금(IFAD), 국제통화기금(IMF), 국제부흥개발은행(IBRD), 국제금융공사(IFC), 국제원자력기구(IAEA) 등이 있어요.

유엔의 주요 기구들을 살펴볼까요?

총회는 모든 회원국이 참여하는 유엔 최고의 기관이에요. 유엔의 모든 활동을 심사하고 통제하지요. 또 재정 문제, 신규 회원국의 가입 문제를 결정하고 이사국을 선출할 권한이 있어요.

안전보장이사회는 국제 평화와 안전 유지에 대한 일차적인 책임을 져요. 국제 사회에서 분쟁이 생기면 이를 조사해서 분쟁을 조정해요. 안전보장이사회는 다섯 개의 상임이사국과 열 개의 비상임이사국으로 구성되어 있어요. 상임이사국은 미국, 영국, 프랑스, 중국, 러시아 이렇게 다섯 나라예요.

비상임이사국은 지역별로 골고루 나뉘어, 아프리카 및 아시아 다섯 나라, 동유럽 한 나라, 라틴아메리카 두 나라, 서유럽 및 기타 두 나라를 뽑아요. 모두 열개의 나라 가운데 해마다 세 나라씩 새로 뽑아요. 임기는 2년으로 연이어 할 수는 없어요.

신탁통치이사회는 자치 능력이 부족한 지역에 유엔이 들어가서 그 지역이 자치 능력을 가질 때까지 관리하고 임시로 통치하는 것을 주요 목적으로 삼아요. 신탁통치 지역의 정치, 경제, 사회 발전을 통해 지역 주민의 자치 능력을 키워 주지요. 제2차 세계대전이 막 끝난 1945년만 하더라도 세계 인구의 3분의 1이 유엔의 신탁통치를 받았어요. 당시 약소국이었고 식민 상태였던 아시아, 아프리카 국가들이 강대국으로부터 독립은 했지만 자치 능력이 없다는 이유 때문이죠. 그러나 지금은 거의 모든 지역이 신탁통치에서 벗어났어요. 마지막으로 팔라우가 1994년 신탁통치에서 벗어남에 따라서 신탁통치이사회는 1994년 11월부터 활동을 정지한 상태예요.

안정보장이사회 회의장

경제사회이사회는 세계에서 일어나는 경제, 사회, 문화, 교육, 보건, 환경 등 여러 문제를 다루는 곳이에요. 기본적인 정신은 인간 권리 존중이지요. 곧 인간이 인간답게 사는 세계를 만들자는 거예요. 지난 1997년 우리나라 경제가 외환 위기라는 큰 어려움을 겪었을 때 자금 지원을 한 국제통화기금(IMF), 아프리카 아이들에게 식량과 먹을 것을 나눠 주는 등 아이들의 복지를 위해 애쓰는 국제연합아동기금(UNICEF)도 경제사회이사회에 소속되어 있어요. 여러분이 마시는 우유에 유통기한이 있지요? 그것도 경제사회이사회 아래에 있는 국제연합식량농업기구(FAO)에서 정한 거예요. 이 밖에도 경제사회이사회는 아주 많은 일을 하고 있어요. 이 때문에 유엔의 인력과 자금 중 80%가 경제사회이사회에서 쓰입니다.

유엔 아이티 안정화지원단의 활동

국제사법재판소는 세계 법원이라고도 불리는 유엔의 사법 기관이에요. 국제 사회의 분쟁을 법적으로 해결해 주는 역할을 하지요. 국제사법재판소는 15명의 재판관으로 구성되어 있어요. 재판관의 임기는 9년이고, 한 번 더 맡을 수 있지요.

사무국은 유엔 산하 기관의 운영에 관한 사무를 담당하는 부서예요. 사무국을 지휘 감독하는 사무총장은 유엔을 대표하며 여러 회의에 참석해요. 국제 평화와 안전 문제에 관해 안전보장이사회의 관심을 이끌어 내거나 총회에 보고를 하기도 하지요. 사무국에는 9,000여 명의 직원이 일하고 있답니다.

다짜고짜 인터뷰
유엔 평화유지국에서 일하고 있는 김나혜

Q. 유엔에서 주로 어떤 일을 하나요?

저는 현재 유엔 평화유지국 군사부에서 일하고 있어요. 주로 현장에 있는 17개의 평화유지활동사무소와 유엔 사무국 사이에서 상황 보고를 하고, 군사를 지원하는 나라의 대표 부무관들과 의견 조율을 할 수 있도록 회의를 준비하며, 현장에서 유엔 직원의 인명 피해가 생겼을 때 조문 편지를 보내는 일 등을 해요.

Q. 많은 직업 중에서 유엔에서 일하기로 결심한 이유가 무엇인가요?

유엔이 워낙 큰 조직이라 관료주의가 심하고 의사 결정을 하는 데 상당한 시간이 걸려 비효율적이라는 이야기를 들었던 터라 처음에는 유엔이란 기관에 대해 좋은 이미지를 가지고 있지는 않았어요. 그런데 대학생 때 유엔 인턴 프로그램을 하면서 세계 여러 나라에서 온 사람들이 하나의 공통된 목표를 가지고 다양성을 존중하며 일하는 것을 보고, 이러한 환경에서 일을 할 수 있다는 것이 큰 매력이라고 생각했어요.

Q. 유엔에서 일하기 위해 어떤 노력을 했나요?

평화 유지, 지구 환경 등 세계의 공통된 문제에 관심을 가지면서부터 이러한 문제들이 어떻게 해결될 수 있을까 고민을 많이 했어요. 그러면서 해외 봉사 활동과 다양한 시민 단체 활동을 했어요. 그리고 영어 공부를 위해 책을 파고드는 대신, 외국인 교환학생을 위한 '한국어 도우미' 활동이나 세계적인 축제의 통역 아르바이트를 하는 등 영어를 자연스레 쓸 수 있는 기회를 찾았어요.

그러다 유엔 인턴 프로그램에 선발되어 경제사회이사국에서 6개월 동안 일을 하게 되었어요. 유엔에 더 친숙해 질 수 있는 기회였지요. 더불어 사무실 직원들과 좋은 대인 관계를 맺을 수 있도록 노력을 했어요.

Q. 유엔에서 일하면서 어려운 점은 무엇인가요?

유엔은 다양한 문화와 배경을 가진 여러 나라의 사람들이 한데 모여 같이 일을 하는 곳이기 때문에 의사소통을 하는 데 있어 항상 조심스러워요. 예를 들어 타이완 출신의 사람에게 중국에 대한 이야기를 할 때 감정적으로 받아들이는 경우가 종종 있어요. 이는 타이완과 중국이 오랜 정치적 갈등을 겪고 있기 때문이지요. 이런 배경을 모르고 인

종과 어떤 나라에 대해 쉽게 말한다면, 상대방에게 큰 상처가 될 수도 있어요.

Q 일하면서 가장 인상 깊었던 일이 있다면요?

올해 초 아이티에 지진이 일어났을 때, 사무실 직원 몇 명이 바로 아이티 지진 복구 현장에 자원해서 가는 모습이 기억에 남아요. 그리고 상당히 많아진 업무량으로 뉴욕에 있던 직원들도 주말까지 사무실에 나와 일을 해야 했는데 모두들 싫은 내색 없이 기꺼이 업무에 도움이 되려는 태도가 무척 인상 깊었어요.

Q 앞으로 실현하고 싶은 꿈이나 목표가 있으세요?

모두의 행복을 위한 국제 평화와 개발에 많은 도움을 줄 수 있는 창의적인 리더가 되고 싶어요. 조금 더 구체적으로 말하자면 분쟁 지역의 여성 인권을 향상하는 데 힘이 될 수 있는 실현 가능한 정책을 세우는 정책 전문가가 되고 싶어요.

Q 유엔에서 일하고 싶어하는 어린이들에게 하고 싶은 말이 있다면요?

무조건 유엔에서 일을 하고 싶다는 생각을 가질 것이 아니라, 먼저 세계 곳곳에서 보이는 전쟁과 기아, 빈곤과 같은 문제를 보고 자신의 일처럼 아파할 수 있는 사람이 되었으면 좋겠어요. 세상의 아픔을 함께한다는 마음으로 본인이 할 수 있는 작은 일부터 하나씩 하나씩 해 나간다면 언젠가는 자신이 원하는 곳에서 마음껏 꿈을 펼치며 일할 수 있을 거라 생각해요.

아프리카로!

"참, 대로야. 오늘 반가운 사람을 만나게 될 것 같은데?"

"반가운 사람이라뇨? 여기에 아는 사람은 삼촌밖에 없는데."

"아, 삼촌이 국제기구에서 일한다고 했지? 여기 유넵에서 일하는 거야?"

한연구가 끼어들며 묻자 나는 일부러 고개를 빳빳하게 들고 말했다.

"어, 우리 집안에 좀 잘나가는 사람이 많거든."

"그런데 너희 삼촌은 네가 여기 오는 걸 모르나 보네? 연락이라도 한번 해 보지 그러니? 여기까지 왔는데……."

배유미는 내 기세를 봐 줄 수가 없는 모양이었다. 안 그래도 연락 한 통 없는 것 때문에 화가 나 있는 참에 아주 열을 더 돋우고 있었다. 옆에서 붉으락푸르락하는 내 얼굴을 봤는지 꺼벙이 연구가 얼른 화제를 돌렸다.

"하니 누나, 저 궁금한 게 있는데요. 누나는 처음부터 국제활동가[7]가 꿈이 있어요?"

모두들 하니 누나의 답이 궁금한 듯 일제히 누나를 바라봤다.

"그런 건 아니야. 처음부터 그런 꿈을 갖지는 않았지. 어렸을 땐 소설가도

7 국제활동가

어떤 일을 하나요?
유엔, 경제협력개발기구(OECD), 세계무역기구(WTO) 등 국제 조직에서 일하는 국제활동가는 전쟁, 기아, 환경, 인권, 교육 등 지구촌에서 일어나는 여러 가지 문제를 조정하고 해결해 줘요.

어떤 마음가짐이 필요하나요?
인류를 위해 일한다는 사명감이 필요해요. 국가나 종교, 인종을 떠나 공정해야 합니다. 다양한 생각과 문화를 가진 사람들과 함께 일하기 때문에 열린 마음가짐을 가져야 합니다.

어떻게 준비하나요?
의사소통을 할 수 있는 외국어 실력을 키워야 해요. 해외 봉사 단체에서 자원봉사를 하며 경험을 쌓으면 도움이 되지요.

되고 싶었고, 선생님도 되고 싶었어."

"그럼 언제부터 국제활동가의 꿈을 갖게 된 거예요?"

"그걸 얘기하기 전에 너희들은 꿈이 뭐니?"

하니 누나의 말이 끝나기가 무섭게 배유미가 먼저 말했다.

"저는 언니처럼 국제활동가가 되는 거예요. 예전부터 관심도 있었고 이번 기회에 더 절실해졌다고 할까요?"

"유미는 그렇고, 대로는?"

당연히 연구에게 물어볼 줄 알았던 질문이 내게 먼저 왔다.

"누나는 제가 보낸 지원서 안 읽어 보셨나 봐요? 거기에 다 적었는데……."

"당연히 읽어 봤지. 대로는 아마도 꿈이 없다고 했지?"

"꿈이 없다고?"

유미는 깜짝 놀라며 이해할 수 없다는 표정으로 고개를 설레설레 저었다.

"꿈이 없다는 게 아니고 아직 정해지지 않았다는 거지!"

"그게 그거지 뭐."

"유미야, 그만 해. 꿈은 소중한 거니까 아무렇게나 정할 수는 없는 거잖아. 대로도 분명 곧 꿈을 찾게 되겠지. 안 그래, 대로야?"

"바로 그거예요, 누나. 괜히 아무거나 정해 놓고 자주 바꾸는 건 싫거든요. 저는 늘 신중하게 생각 중이에요."

"연구는?"

연구는 잠시 조용히 있다가 입을 열었다.

"저는 국제구호활동가[8]가 되고 싶어요."

"그래? 특별히 그 일을 하고 싶은 이유라도 있는 거야?"

"네, 사실은 형이 몸이 불편해 늘 집에만 있어요. 형은 비행사가 되어 세계를 돌아다니는 게 꿈이에요. 그런데 병 때문에 그 꿈을 이루기 어려워요. 저는 가난이나 병으로 고통받는 사람들을 도

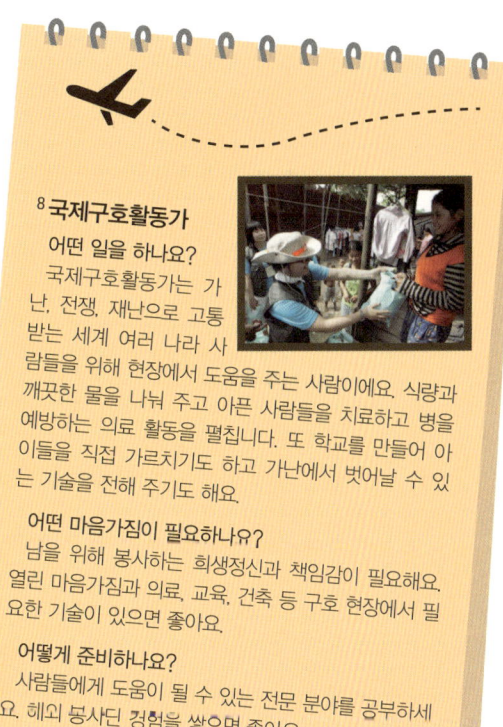

[8] **국제구호활동가**

어떤 일을 하나요?
국제구호활동가는 가난, 전쟁, 재난으로 고통받는 세계 여러 나라 사람들을 위해 현장에서 도움을 주는 사람이에요. 식량과 깨끗한 물을 나눠 주고 아픈 사람들을 치료하고 병을 예방하는 의료 활동을 펼칩니다. 또 학교를 만들어 아이들을 직접 가르치기도 하고 가난에서 벗어날 수 있는 기술을 전해 주기도 해요.

어떤 마음가짐이 필요하나요?
남을 위해 봉사하는 희생정신과 책임감이 필요해요. 열린 마음가짐과 의료, 교육, 건축 등 구호 현장에서 필요한 기술이 있으면 좋아요.

어떻게 준비하나요?
사람들에게 도움이 될 수 있는 전문 분야를 공부하세요. 해외 봉사단 경험을 쌓으면 좋아요.

와주고 싶어요. 그런데 그 꿈을 더 크게 가지면 세계 여러 나라를 돕는 것이 되잖아요? 형과 함께 비행기를 타고 세계를 돌아다니며 구호 활동을 한다면……. 하늘을 나는 동안엔 형도 꿈을 이루는 것 아닐까요?"

연구의 말이 끝나자 누나와 유미는 탄성을 질렀다.

"우와, 연구 최고다!"

"정말 멋진 형제네. 연구야, 그 꿈 꼭 이루면 좋겠다. 네 꿈은 한 사람의 꿈이 아니잖니. 정말 멋진 꿈을 꾸고 있구나."

하니 누나도 진심으로 연구의 꿈을 칭찬해 주었다. 모두가 연구에게 최고라며 엄지를 치켜올려 보였다. 나 역시 그런 연구가 대단해 보였다. 연구는 진심으로 형을 사랑하고, 사람을 사랑하는 마음으로 꿈을 키워 온 것 같았다. 그렇게 따뜻한 형제애를 가지고 있는 연구가 부럽기도 했다. 형제가 없는 나는 그런 느낌을 한 번도 느껴 본 적이 없다. 나도 연구처럼 근사한 꿈이 갖고 싶었다.

"누군가가 네 꿈이 뭐냐고 물으면 너희들처럼 대부분 사람들은 미래의 희망이나 소망을 말하곤 하지. 하지만 지구 반대편에는 전혀 다른 대답을 하는 사람들도 있어. '하루 한 끼라도 먹고 살았으면' '상처가 나면 제때 치료해서 다리를 잘라 내지 않아도 되었으면' '학교에 다녀 보았으면' 하고 말이야. 우리가 당연히 누리고 사는 기본적인 권리를 간절한 꿈으로 여기는 이들이 실제로 굉장히 많아. 누나는 그걸 대학생 때 동아리 활동을 하면서 알게 되었어. 그때부터였을 거야, 세상에 기쁨과 평화를 주면서 살아가고 싶다는 꿈을 갖게 된 게 말이야. 그게 바로 이 일을 하게 된 계기가 되었지."

하니 누나는 이야기를 하면서 눈물을 글썽거렸다. 연구와 유미는 누나의 말을 듣는 내내 고개를 끄덕였다.

"누나, 그런데 그 꿈을 이루기까지 가장 힘들었던 건 뭐예요?"

나는 분위기가 너무 가라앉는 것 같아 얼른 다른 질문을 했다.

"어학 연수 한 번 가 보지 못한 내겐 아무래도 외국어가 가장 힘들었지."

"그래도 지금은 영어뿐 아니라 프랑스어까지 할 수 있다고 들었어요. 정말 대단한 거 아니에요?"

"대단하기는……. 국제기구에 들어오기 전에는 영어도 겨우 더듬거리는 정도였어. 그런데 꿈이 확실해지니까 마음가짐부터 달라지더라. 내 꿈을 이루기 위해서는 세상 모든 사람과 소통을 해야 하는데, 말이 통하지 않으면 그 일을 할 수가 없는 거잖니? 그래서 이를 악물고 공부했지. 아마 하루에 단어를 백 개씩은 외웠을 거야. 사전을 달달 외었던 기억도 나고. 영어 공부를 늦게 시작했기 때문에 그만큼 더 힘들었던 것 같아. 아주 힘든 시간이었지만 지금은 그런 시간이 있었기에 더 행복한지도 모르지."

"아, 남 도와주는 일을 하는 데도 영어와 공부를 계속해야 한다는 슬픈 현실이 싫다. 공부는 정말 적성에 안 맞는데."

나는 저절로 한숨이 나왔다. 공부를 못하면 정말 큰 꿈을 꾸기 힘든 걸까?

하니 누나가 계속해서 말했다.

"어떤 일을 할 것인가를 정하기 전에 더 중요한 게 있어. 바로 자기 스스로를 찾는 거야. 내가 무엇을 잘할 수 있는지 또 내가 무엇을 할 때 가장 행복한지를 찾는 거지."

나는 내가 잘하는 것이 무엇인지 곰곰이 생각해 보았다. 하지만 정말 아무것도 떠오르지 않았다. 그러고 보니 나는 정말 잘하는 것도 없고, 재미있어 하는 것도 없는 게 아닌가! 듣기 싫고 하기 싫은 것투성이인 제멋대로인 나.

정말 나는 잘하는 게 하나도 없는 걸까? 그럼 난 꿈도 가질 수 없는 걸까?

그때 낯익은 목소리가 들렸다.

"안녕~ 체험단 국가 대표 친구들!"

다름 아닌 삼촌이었다.

"나대로, 유엔 체험은 잘하고 있지?"

나는 삼촌이 무척 반가웠지만 절대로 지원하지 않겠다고 큰소리쳤던 일이 떠올라서 애써 무심한 척했다. 그래도 삼촌이 유엔에서 일하고 있다는 것을 유미와 연구에게 보여 줄 수 있어서 어깨가 으쓱해졌다.

"자, 유넵에 오신 걸 환영합니다. 그럼 일단 숙소로 갈까? 오늘은 좀 늦었으니까."

유미와 연구, 나는 삼촌 차에 옮겨 탔다. 하니 누나는 밀린 일이 좀 있다며 곧바로 자리를 떠났다.

내일은 또 어떤 체험을 하게 될까? 이곳에서 내 꿈을 찾을 수 있을까?

하나뿐인 지구를 위해

케냐의 수도인 나이로비에 온 뒤 처음으로 제대로 된 도로를 만났다. 차선도 신호등도 인도도 있었다. 심지어는 가지런히 심어진 가로수까지 말이다. 처음 나이로비에 왔을 때, 한 나라의 수도답지 않게 도로가 엉망인 모습에 실망했는데 여러 나라 대사관이 자리한 유엔 구역은 잘 정돈된 숲과 깔끔하게 지어진 건물이 눈에 띄었다. 외부인을 철저하게 통제하는 보안 절차를 거쳐 유넵 본부에 들어섰다.

삼촌은 한쪽 벽에 있는 커다란 사물함 문을 열었다. 그리고 다섯 개 정도 되는 커다란 상자에 가득 담겨 있는 서류철들을 꺼내기 시작했다.

"일단 몸풀기부터 해 볼까? 삼촌이 저기에 있는 서류들을 정리하려고 하는데 도와줄래?"

"네. 어떻게 하면 돼요?"

"서류철을 같은 색끼리 모아서 서류힘에 넣기만 하면 돼. 단 서류철에 적힌 숫자 순서에 맞게 말이지."

"삼촌, 혹시 여기서 이런 일이나 하고 있는 건 아니겠지?"

"이런 일이 어때서? 각자 필요한 서류들을 보고 다시 제자리에 집어넣는 건 당연한 일이지. 그럼 누가 대신해 줄 사람이 있을까 봐?"

국제기구에서 일하려면 외국어만 잘하면 되는 것이 아닌가 보다. 서류 정리를 하면서 보니, 이곳에서는 세계 곳곳에 관련된 자료들과 앞으로의 일들을 일일이 조사하고 계획하고 있었다. 정말 끝없는 공부와 다양한 일을 해야 하는 곳이 바로 국제기구인가 보다.

서류 정리가 끝나자 삼촌은 우리 셋의 이름이 적힌 서류함을 하나씩 내려놓았다.

"유넵에 대해서 공부는 좀 하고 왔니?"

삼촌은 갑자기 엄숙한 분위기를 잡으며 우리에게 물었다.

"사실, 환경 분야 국제기구라는 것밖에는 잘 몰라요."

뽈테 똑순이 유미가 모른다고 꼬리를 내릴 때도 있다니 놀라웠다.

"그래, 뭐. 자세히 알고 있는 게 더 이상할 수도 있지. 한 가지만 물어보자. 요즘 너희들이 가장 관심이 가는 환경 문제는 어떤 거니? 자연환경이 잘 보존되고 있는 것 같니?"

삼촌도 참, 그냥 말해 주면 될 것을 꼭 물어보는 이유는 뭘까?

"어제 오면서 보니까, 나무들을 다 베어 버려서 걱정이 됐어요. 나무는 동물과 식물에게 쉴 곳을 주고 땅을 튼튼하게 만들어 주는데 말이에요."

유미가 얼른 대답했다.

"그래 잘 보았어. 소중하게 지켜져야 할 나무와 숲이 인간들에 의해 여기저기서 파괴되고 있지. 아주 빠른 속도로 말이야. 그럼 결국 어떻게 될까?"

"인간들은 가뭄과 홍수 같은 자연재해에 시달리겠죠."

"그래. 극심한 가뭄과 홍수, 사막화 같은 심각한 문제에 부딪히게 되겠지."

삼촌과 유미는 주거니 받거니 지루한 이야기를 즐겁게 이어가고 있었다. 나는 발만 까딱거리며 재미없게 앉아 있었다.

"기후 변화도 심각한 문제인 것 같아요. 지구가 점점 뜨거워지고 있잖아요. 빙하도 녹아내리고 말이죠."

이제 연구도 그 대화에 합세를 했다.

"그래, 연구도 잘 지적했어. 대기는 단순히 공기로 이루어진 게 아니야. 여러 종류의 가스로 이루어져 있지. 이 가스들이 다양한 기능을 하면서 모든 생명이 살아가는 데 많은 도움을 주고 있어. 중요한 건 이 여러 가지 가스들이 태양열을 가둬 둔다는 거야. 비닐 안에 열을 가둬 두는 비닐하우스와 같은 원리야. 만약 이러한 온실가스가 없다면 지구의 평균 기온은 15도까지 낮아질 수 있대."

어느새 나도 삼촌의 설명에 푹 빠져들고 말았다. 재미없는 이야기지만 삼촌이 해 주니 쏙쏙 머릿속으로 들어왔다. 참 신기하게도 말이다.

그때 삼촌이 얼마 전 아빠와 나눈 말이 생각났다.

"오존층의 파괴도 빼놓을 수 없지 않아요? 또 사람들이 도시로 몰려드는 것도 문제고요. 그리고 또 멸종 위기의 생물들을 지켜내는 것도 중요할 것 같은데……."

예전에 삼촌이 했던 이야기들을 그대로 했을 뿐인데 삼촌은 박수를 쳐 주었다. 유미와 연구도 얼떨결에 따라서 박수를 쳤다. 난생처음 받아 보는 박수라 좀 난감했다.

"박수를 칠 것까지……."

"유넵에서 가장 관심을 갖고 진행하는 사업들을 네가 제대로 맞췄는데 박수 정도는 쳐 줘야지. 안 그러니 얘들아?"

진심으로 대견해하며 박수를 쳐 준 삼촌에게 좀 미안해졌다. 삼촌이 한 말을 기억하고 있었을 뿐인데 말이다.

9 일반전문인(Generalist)

각 기관에서 실행 중인 모든 계획을 운영하고 관리하는 사람을 말해요. 같은 기관에 오래 머물며 경력을 쌓은 사람이 많지요. 총괄하는 사람이 일반전문인이라면, 전문 지식과 기술을 최대로 살려 몇몇 계획을 담당하는 사람은 특수 전문인(Specialist)이에요. 담당 연구 분야에 관한 전문적인 지식과 경험이 필요하지요. 유엔에서 특수전문인은 현장 전문가 또는 프로젝트 담당관이라고도 불러요.

"자, 유넵에 대한 기본 사항을 공부했으니 이번엔 직접 체험을 하러 가 볼까?"

나는 긴장이 되기 시작했다. 유미와 연구도 잔뜩 긴장한 눈치였다.

"너희들 앞에 둔 서류함 보이지? 서류함에 적힌 곳으로 가서 그 부서 일반전문인[9] 보조로 일해 보는 거야. 쉽지는 않겠지만 열심히 도와주기만 하면 그렇게 어려운 일은 아닐 거야. 이곳에서 어떤 일들을 하고 있는지 직접 눈으로 한번 보렴."

"우리가 일을 배울 분이 전문인? 전문가를 말하는 건가요? 유엔에도 일반 회사처럼 직급이 있어요?"

유미가 궁금하다는 듯 눈동자를 굴리며 물었다. 삼촌은 벽에 걸린 화이트보드에 커다랗게 삼각형을 그린 다음 유엔 직원의 직위[10]에 관해서 설명해 주었다.

10 유엔 직원 직위

우리나라 공무원에 지방 공무원과 국가 공무원이 있듯이 유엔과 국제기구에서 일하는 국제공무원에도 일의 내용과 책임에 따라 다양한 직위가 있어요.

전문 직원(Professional staff) 가운데 사무총장과 그를 돕는 사무차장 그리고 사무차장보는 가장 높은 직급에 속해요. 그다음으로는 각 본부에 있는 부서와 현지 사무소 등을 대표하는 관리직인 국장급이 있어요.

그보다 아래로 과장급과 실무직원들이 있고, 그 아래 비서, 운전사 등의 기능 직원(General Service)이 있어요. 그 밖에도 자기 전문 분야에 대한 광범위한 지식과 경험으로, 도움이 필요한 현장에 직접 나가 기술적으로 도움을 주는 현장 전문가가 있어요.

삼촌의 설명을 들은 뒤 우리는 각자 부서로 흩어졌다. 큰 건물에 덩그러니 혼자 있으니, 그동안 함께 있었다는 게 얼마나 든든했는지 알 수 있었다. 내가 찾아간 곳은 조기경보국(DEWA)이었다. 사무실 안은 다양한 국적의 사람들이 함께 일을 하고 있었다. 문을 열고 들어가기조차 겁이 났다.

"어이, 꼬맹이 너 누구냐?"

뒤에서 누군가가 내 어깨를 치며 물었다. 한국말을 들으니 신기했다. 삼촌

말고 다른 한국 직원은 처음 만났다. 낯선 곳에서 같은 말을 쓰는 사람을 만났을 때의 반가움이란 이런 것인가 보다. 나는 용기를 내어 물어보았다.

"저, 여기는 뭐 하는 곳이에요?"

"이 녀석 벌금 내야겠다. 여기서는 영어만 써야 해. 자기 나라 말을 쓰면 벌금을 내야 하거든."

벌금이란 말에 나는 화들짝 놀랐지만 태연한 척 말했다.

"그럼 아저씨도 벌금 내야겠네요?"

"하하! 이 녀석 농담을 잘 받아치는구나."

그럼 거짓말이었단 말이야! 괜히 나만 혼자 겁먹고 기죽었던 거였다.

멀대처럼 키만 큰 아저씨는 인쇄되어 나오는 종이들을 내게 건넸다.

"이거 좀 읽어 보고 틀린 글자를 좀 찾아 줄래? 내가 은근히 글자를 많이 틀려서 두 번 확인을 꼭 해야 하거든. 그 정도는 할 수 있지?"

나는 얼떨결에 종이를 받았지만 사실 국어엔 꽝이었다. 종이에 '유엔 환경 계획 보고서'라고 씌어 있었다. 대충 읽어 보다가 여러 가지 내용 중 아프리카 지역의 지진 발생 위기에 관한 내용이 눈에 띄었다.

"지진 조사도 유넵에서 하는 일인가 보죠?"

"그럼, 여기가 어디냐? 조기경보국 아니겠어? 말 그대로 위험에 닥친 나라가 있다면 미리 알려 주는 일을 하지."

"그럼 조기경보국이 있는 한 세상은 자연재해 없는 그야말로 걱정거리 없는 곳이 되겠네요?"

"그렇게 될 수 있도록 최선을 다하는 거야. 여러 나라에서 협조를 잘해 주고 서로 소통이 잘 된다면 인명 피해를 최대한 막을 수 있지. 하지만 세상일은 말이야, 정말 예측할 수 없게 일어나는 일들이 많기 때문에 위험을 100% 막을 수는 없단다."

위험을 미리 알려 많은 이의 생명을 구한다는 것이 참으로 값지게 느껴졌다. 갑자기 멀대 아저씨가 멋지게 보였다.

"아저씨, 유넵에는 주로 어떤 사람들이 모여서 일을 하는 거예요?"[11]

평소 나답지 않게 질문이 나왔다.

멀대 아저씨는 유넵에서 하는 일 가운데 기후 변화와 관련한 일을 크게 세 가시로 나누어 설명해 주었다. 첫 번째는 기후 변화의 폭과 심각성, 악영향 등을 과학적으로 분서하고 예측해서 알려 주는 것으로, 내가

[11] **유넵에서 일하는 사람들**
유넵의 대다수 전문 직원은 환경 과학자 또는 기술자예요. 환경 과학 자연 과학, 기상학, 에너지, 환경 정책, 지리학, 지구 과학 같은 분야에서 일하지요.

찾아온 조기경보국에서 하는 일이다. 두 번째는 각 나라 정부에서 기후 변화의 폭을 줄이고 그 피해를 최소화할 수 있는 정책을 세우도록 이끌어 내는 일이라고 했다. 연구가 찾아간 환경정책이행국(DEPI)에서 그 일을 한다고 한다. 세 번째는 기후 변화의 심각성을 사람들에게 널리 알리는 일이다. 유미가 찾아간 대외협력국(DCPI)에서 하는 일이다.

예측할 수 없는 일들. 나도 얼마 전까지 내가 이곳에 오리라고는 전혀 예

상하지 못했다. 앞으로도 체험 기간 동안 어떤 일들이 벌어질지 전혀 알 수 없다. 어쩌면 예측할 수 없는 미래가 있기에 사람들은 계속 도전하는 게 아닐까? 하지만 멀대 아저씨를 보면서 자연재해, 단 한 가지만은 인간이 예측할 수 있는 범위가 넓어져서 많은 이들의 생명을 구할 수 있으면 좋겠다는 생각을 했다.

나는 멀대 아저씨와 헤어져 예측할 수 없는 또 다른 체험을 향해 뚜벅뚜벅 걸어 나왔다.

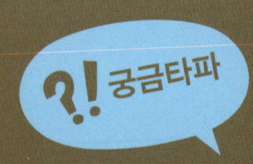

유넵은 어떤 일을 하나요?

유넵(UNEP:United Nations Environment Programme)은 유엔의 환경 기구로 한글로는 '국제연합환경계획'이라고 해요. 유넵의 주요 업무는 여러 나라의 정부, 학계, 시민 사회 등과 함께 환경 관련된 정보를 분석하고 공유하며, 이를 통해 환경을 보호하는 거예요. 유넵에는 정책개발과 법무국, 환경평가 및 조기경보국, 환경정책이행국, 기술산업 및 경제국, 지역협력국, 지구환경기금조정국, 정보출판과 대외협력국 등이 있어요. 이 중에서 조기경보국은 지구 환경과 관련된 연구와 분석을 담당하며, 세계 모든 곳의 환경 변화를 평가하여 자연재해를 포함한 환경의 변화를 각 나라에 알려 주어 환경 정책을 펼 수 있도록 돕는 역할을 해요. 각 나라의 정부와 시민 사회가 환경 정책을 만들고 실행할 수 있도록 도와주는 것이지요.

유넵은 왜 만들어졌을까요?

사람들이 산에 있는 나무를 무분별하게 베고 바다에 있는 물고기를 마구 잡으면서 생기는 여러 가지 환경 문제를 국제적인 협력으로 해결하기 위해 1972년에 만들어졌어요. 유넵 본부는 아프리카 동부에 위치한 케냐의 수도 나이로비에 있어요. 그곳에 유넵의 아프리카 지역 사무소도 있어요. 지역 사무소는 나이로비 말고도 아시아-태평양 지역을 담당하는 태국 방콕 사무소, 유럽 지역을 담당하는 스위스 제네바 사무소, 라틴아메리카와 카리브해 지역을 담당하는 멕시코 멕시코시티 사무소, 북아메리카 지역을 담당하는 미국 워싱턴D.C 사무소, 서아시아 지역을 담당하는 바레인 마나마 사무소 이렇게 모두 세계 여섯 곳에 지역 사무소가 있고, 특정 분야를 다루는 연구 센터, 연락 사무소 등 세계 곳곳에 사무실을 두고 있답니다.

유넵에서 일하고 싶다면 무엇을 준비해야 할까요?

유넵에서 일하고 싶다면, 무엇보다 환경을 생각하는 마음가짐을 가지는 것이 중요해요. 우리가 학교나 집에서 음료수를 마실 때 편리하게 사용하는 종이컵 그리고 무심코 사용하는 나무젓가락과 같은 일회용품은 썩는 데 무려 20년이 걸려요. 손쉽게 구할 수 있고 편리하게 사용할 수 있는 일회용품은 환경을 파괴하는 주범이지요. 소풍 갈 때는 나무젓가락 대신 집에서 사용하는 젓가락을 가지고 가고 음료수를 마실 때에도 종이컵이 아닌 일반 컵을 사용하는 것이 환경을 보호하는 데 큰 도움이 됩니다. "나 혼자 바꾼다고 무슨 도움이 되겠어?"라고 생각할 수도 있지만 한 명 한 명이 모여서 꾸준히 실천해 나간다면 환경을 지키는 데 큰 도움이 될 거예요.

물론 여느 국제기구처럼 영어를 비롯한 다양한 언어를 공부하는 것도 필요해요.

3 가난한 나라를 돕고 싶어요

국제연합개발계획 (UNDP, 유엔디피)

식량부족으로 사망 1분 17명, 1일 25,000명
5세이하 영유아 사망 1년 1,100만명

다시 만난 체험단 친구들

잠깐 떨어져 있었을 뿐인데, 뽈테 유미도 꺼벙이 연구도 몹시 반가웠다. 함께 저녁을 먹으며 유미는 자신이 체험했던 일들을 쉼 없이 이야기했다. 유미와 연구는 첫 체험을 잘한 것 같았다. 나는 밥만 꾸역꾸역 먹었다.

"대로 너는 왜 말이 없냐? 재미없었나 보네?"

"그냥 뭐…… 그랬지 뭐. 처음부터 기대한 것도 없었어."

"너 설마 사고 치고 온 건 아니지?"

유미의 말에 더 속상했다. 나를 알면 얼마나 안다고……. 섭섭한 마음을 달래려고 나는 더 급하게 숟가락을 놀렸다.

"너나 잘하셔. 남의 일엔 신경 끄고."

"대로야, 그만 좀 먹어. 충분히 먹었잖아."

하니 누나도 나의 식성에 놀라운지 한 소리 했다.

"너 하나도 안 남기고 다 먹을 자신 있어?"

잔소리와는 거리가 먼 연구까지 끼어들었다.

"오랜만에 맘껏 먹으려는데 왜들 잔소리가 심한 거야. 여기 오니까 잔소리

꾼만 더 늘었어."

나는 퉁명스럽게 대꾸했다.

"괜히 안 먹고 남길까 봐 그렇지. 먹을 것이 없어서 목숨을 잃는 사람이 하루에 2만5천 명이나 되는데……."

꺼벙이 연구의 숫자 놀이가 또 시작됐다. 저런 숫자들은 어떻게 다 외우고 있는 걸까? 참 별난 녀석이다.

"대로야, 많이 먹는 건 전혀 몸에 좋지 않아. 다 널 위해서 하는 말인데. 그리고 연구 말대로 전 세계에는 1분에 17명, 하루에 2만5천 명이나 되는 사람들이 먹을 것이 부족해서 죽어 가고 있어. 그 사람들을 생각해서라도 음식을 지나치게 많이 먹거나 남기면 안 되지 않을까?"

"맞아요. 저는 이곳에 와서 더 절실히 깨달았어요. 앞으로는 먹을 만큼만 먹고, 음식을 남기지 않을 거예요."

하니 누나의 말이 끝나자 유미는 큰 결심이라도 한 것처럼 말했다.

"내일은 또 다른 국제기구인 국제연합개발계획(UNDP)[12]에 대해 알아볼 거야. 다큐멘터리를 보고 이야기를 나눠 볼 거란다."

그날 저녁, 나는 음식을 남기지 않기 위해 억지로 그릇을 다 비워야 했다.

결국 억지로 먹은 것이 체하고 말았다. 정말 나는 미련 곰탱이인가 보다. 배가 아파서인지 잠도 안 오고 자꾸 하니 누나의 말이 생각났다.

> **12 국제연합개발계획 (UNDP)**
> 유엔 기구 가운데 가장 다양한 일들을 하는 기구예요. 유엔디피의 활동 분야는 경제 및 사회 거의 전 부분에 걸쳐 있어요. 농업, 어업, 전력, 운수, 통신, 주택, 건설, 무역, 관광, 영양, 보건 위생, 고용 촉진, 과학 기술, 환경보호, 교육, 지역 개발, 사회 개발, 경제 계획 등이지요. 특히 현장 활동에 중점을 두고 있어요. 직원 수도 유엔 본부 다음으로 많아요. 본부와 현장 전문가를 포함해 8,000여 명이 일하고 있어요.
> 현장 전문가의 최고 책임자는 '상주대표'라 불러요. 그 권한이 매우 커서 유엔디피가 실시하는 계획 대부분을 각 나라의 정부와 협의해서 상주 대표가 승인하지요.

 세계 인구 여섯 명 중에 한 명꼴인 10억 명은 하루 1달러가 안 되는 돈으로 생명을 유지하고 있다며, 매일 2만 명이 가난으로 죽어 가고, 1달러가 없어서 말라리아에 걸려 죽는 이들이 많다고 했다. 또 해마다 천백만 명의 아이들이 다섯 살도 채 되기 전에 죽어 가고 있다는 얘기가 귓가에서 맴돌았다.

 갑자기 내가 정말 행복하게 살고 있다는 생각이 들었다. 나는 아침에 일어나는 것도 귀찮고, 일어나자마자 밥 먹는 것도 싫고, 학교 가기 싫고, 공부하기도 싫고, 이거 해라 저거 해라 하는 엄마의 잔소리가 너무나도 싫었는데 말이다.

 내일은 태양이 조금은 다른 빛깔로 내 앞에 떠오를 것 같다.

모든 아이들이 꿈꿀 수 있도록

다음 날 아침, 하니 누나는 페루 푸칼파의 한 마을 모습을 담은 다큐멘터리를 보여 주었다.

그곳은 정말 가난한 곳이었다. 그곳의 아이들은 물을 팔거나 가게를 봐야 해서 학교도 제대로 다니지 못했다. 학교를 간다고 해도 책상이 부족해 바닥에 앉아 공부를 해야 했다. 그 아이들 중에서 중학교에 진학하는 아이는 거의 없다고 한다.

아이들을 학교에 보낼 돈이 없는 집도 많았다. 학교에 다니지 않는 아이들은 물을 긷거나 동생들을 돌보며 살아가고 있었다. 그곳 사람들은 온 가족이 함께 일을 하지 않으면 먹고살 수가 없었다. 마을 사람들은 장사라도 하고 싶지만 배운 것이 없기 때문에 장사도 할 수 없는 상황이었다. 결국 이 마을은 지금처럼 계속 가난하게 살 수밖에 없으며, 그 가난은 대를 이어서 되풀이되고 있다는 내용이었다.

우리는 한 시간가량 되는 다큐멘터리를 열심히 보았다. 보는 내내 마음이 아팠다. 공부가 제일 싫은 나였지만, 만약 내가 저 곳에서 태어나 배울 기회

조차 없었다면 어땠을까 생각하니, 그런 생각만으로 몸이 오싹했다. 그동안 나는 얼마나 배부르게 살았는지…….

"이 다큐멘터리는 극히 일부분이라고 생각하면 돼. 전 세계에는 가난 때문에 학교에 다니지 못하는 어린이들이 많아. 교육을 받지 못한 채로 어른이 되기 때문에 미래에 대한 꿈도 갖기 어려운 거야."

공부가 없는 나라에서 살고 싶어했던 내가 부끄러웠다. 또한 그들에게 미안해졌다. 나는 얼마든지 멋진 꿈을 꿀 수 있는데도 꿈을 꾸지 않고 살았으니까 말이다. 저 아이들이 나를 보면 얼마나 한심하고 화가 날까? 나와 같은 생각으로 학교에 다니는 친구들도 모두 이곳에 와서 함께 체험을 하면 좋을 듯싶었다.

"푸칼파 시처럼 가난한 나라의 경제와 사회 개발을 위해 유엔디피, 곧 국제연합개발계획이 설립된 거야. 유엔디피는 도움이 필요한 여러 나라에 사무소를 설치해 두었어. 한국에도 1953년 유엔디피 사무소가 세워졌어. 하지만 지금은 우리나라가 다른 나라를 도울 수 있을 만큼 성장했기 때문에 2009년 12월에 유엔디피 한국 사무소를 거두어들였단다."

우리나라에도 유엔디피 사무소가 있었다니……. 하니 누나의 이야기를 듣다 보니 여러 나라들이 서로 도움을 주고받으며 함께 살아가고 있다는 생각이 들었다.

"현재 유엔디피는 5년마다 사업 계획을 세워서 어떤 나라에 어떤 방법으로 도움을 줄지 결정하고 있어. 한 나라에 대해 길게 5년의 시간을 두고 미리 조사를 충분히 한 뒤에 연구 기관을 세우고 훈련소를 설치해서 차근차근 개발 계획을 실시하는 거야."

"단계별로 개발을 계획하고 실시하니까 더 효율적으로 이루어지겠네요?"

"아무래도 그렇지. 그리고 현장에 전문가를 파견해서 연구원들을 훈련시키고, 개발에 필요한 기계와 재료 들을 빌려 주기도 해. 일정 지역을 대상으로 여러 나라와 함께 개발 사업을 하기도 하고 말야."

"유엔디피에서 말하는 개발은 단순히 건물을 세우고 다리를 만드는 정도가 아니네요?"

유미와 연구는 자신들이 전문가인 양 하니 누나와 대화를 주고받았다. 하지만 나도 하니 누나의 말이 아주 낯설고 어렵게만 들리지는 않았다. 그래도 며칠간 유엔 체험을 해 보니 내가 마치 유엔 인턴[13]이라도 된 듯했다고나 할까?

13 유엔 인턴 제도
인턴이란, 회사나 기관에 정식 직원이 되기에 앞서 훈련을 받는 것을 말해요. 유엔에서는 다양한 인턴 제도를 실시하고 있답니다. 유엔 인턴이 되면 각 기관에서 실무 경험도 쌓고 유엔의 분위기를 익힐 수 있어요. 그렇기에 앞으로 국제기구에서 일하고 싶지만, 실무 경험이 없는 학생들에게 좋은 제도이지요.

"맞아. 유엔디피는 전 세계 사람들이 경제뿐만 아니라 문화와 교육 같은 여러 영역에서 좀 더 나은 삶을 꾸려 갈 수 있게 도와줘. 예를 들면 차별을 없애고, 빈곤으로부터 벗어나게 하고, 기본 교육을 받을 수 있게 하는 거야. 그뿐만 아니라 눈에 보이지 않는 환경도 개선하려고 노력하고 있지."

"건물이나 다리 하나 더 지어 주는 그런 것과는 정말 차원이 다르네요."

"그렇지. 그래서 유엔디피에서 진행하는 이런 노력들을 '인간 개발'이라고도 한단다. 실제로 유엔디피는 해마다 각 나라의 '인간 개발 지수'[14]를 조사해서 《인간 개발 보고서》를 발표해."

[14] 인간 개발 지수(HDI:Human Development Index)
유엔디피에서는 해마다 나라별로 평균 수명, 교육 수준, 1인당 국민소득, 생활수준 등을 종합적으로 평가하여 '인간 개발 지수'를 발표해요. 2009년에 1위는 노르웨이가 차지했고, 우리나라는 26위를 했어요.

"그 보고서가 있으면 기준이 생기니까 더 효과적이겠는데요?"

유미는 감탄을 멈추지 않았다.

"그래. 그걸 기준으로 어떤 곳을 얼마만큼 개발해야 할지 알 수 있어. 그러니까 《인간 개발 보고서》는 새로운 국제 협력의 이념을 제시하는 기본 자료라고 할 수 있지."

"우와, 유엔디피에서는 정말 많은 일을 하는구나! 그런데 그런 일들을 다 하려면 정말 많은 사람들이 필요하겠는데요?"

나도 질세라 한마디했다.

"그렇지. 많은 사람들이 서로 돕고 협력해야 가능한 일이야. 그래서 미래를 책임질 어린이들에게 국제기구에 대해 알리기 위해, 이렇게 너희들을 유엔 체험단으로 뽑은 거란다. 나는 너희들이 더 나은 미래를 내다보고 인류를 위해 일하는 사람이 되면 좋겠어."

"아, 그런 거였어요? 그럼 우리가 전 세계 대표인 거예요?"

"야, 나대로 넌 도대체 예비 교육 때 뭘 들었냐? 열다섯 개 나라에서 나라별로 세 명씩 뽑은 거잖아."

유미가 잘난 척하는 것은 싫었지만 그래도 가장 궁금했던 것이 풀리니 속이 시원해졌다.

"참, 체험 마지막 일정은 유니세프 체험인데 그곳에 가면 다른 나라의 체험단 친구들을 만날 수 있어. 그곳은 체험단 공통 일정으로 잡혀 있거든."

"벌써 마지막 체험만 남았어요?"

"아니. 그전에 유네스코 체험이 있어, 대로야."

어휴, 이제 막 마음이 움직이려고 하는데 어느새 마지막 체험이라니…… 후회와 아쉬움이 밀려왔다. 얼마 남지 않은 일정은 좀 더 열심히 참여해야지. 그리고 전 세계에서 모인 체험단 친구들도 궁금했다. 분명 체험단 친구들 중에는 유미와 연구처럼 똑똑한 애들만 있지는 않을 것 같았다. 나와 비슷한 친구들도 오지 않았을까? 전 세계 어린이들과 만날 날이 손꼽아 기다려졌다. 그렇게 설레는 마음으로 프랑스행 비행기에 올랐다.

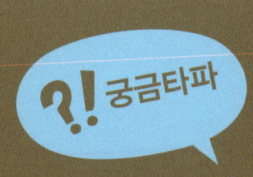

유엔디피는 어떤 일을 하나요?

유엔디피(UNDP: United Nations Development Programme)는 개발 도상국의 경제적·사회적 개발을 돕기 위해 설립된 기구예요. 한글로는 '국제연합개발계획'이라고 해요. 유엔디피는 개발을 위해 만들어진 조직으로 유엔 기관에서 규모가 가장 커요. 유엔 회원국 총 192개 나라 가운데 166개 나라에서 일하고 있고, 133개 나라에 사무소가 있으며, 8천 명의 직원이 일해요.

유엔디피의 네 가지 활동

유엔디피의 사업 분야는 크게 네 가지로 나누어져요. 첫째, 유엔디피에서 아주 중요한 분야인 '민주적인 거버넌스'예요. 여기에서 거버넌스란 나라를 이끌어 가는 운영 방식과 체계를 일컫는 말이에요. 유엔디피는 정치적 의사 결정 과정에서 정부뿐만 아니라 기업, 시민 등 다양한 사회의 주체들이 다함께 참여하도록 지원해요.

둘째, '위기 방지와 복구'. 세계인들은 지난 과거의 뼈아픈 전쟁을 겪으면서 모두 세계의 평화를 원하고 있어요. 하지만 여전히 40개가 넘는 나라에서 전쟁과 재난으로 갈 곳을 잃은 천6백만 명의 난민, 난민과 같은 이유로 고향을 떠난 2천6백만 명의 실향민이 발생하는 등 세계 평화가 위협을 받고 있어요.

분쟁이 발생하면 생명과 가정이 파괴되고 생존자들도 폭력과 가난으로 고통받게 되죠. 게다가 힘없는 여성과 아이 들이 가장 크게 상처를 입습니다. 유엔디피는 이러한 문제를 해결하기 위해 항상 준비하고 있어요. 하지만 분쟁을 해결하는 것보다 더 중요한 것은 분쟁이 일어나지 않도록 하는 것입니다. 유엔디피는 유엔 회원국 거의 모든 나라들, 특히 가난하고 덜 개발된 나라에 사무소를 설치해서 이들 나라에서 위기가 발생했을 때 그 위기에 대처하고 안정을 시키며 장기적인 발전을 돕고 있습니다.

셋째, '빈곤 퇴치'. 이것은 유엔 모든 기관이 목표로 하고 있는 매우 중요한 문제랍니다. 전 세계적으로 굶주림과 가난, 그리고 질병으로 죽어 가는 사람들의 수는 모두 8억 5천만 명이나 된다고 해요. 유엔디피는 가난과 굶주림을 없애기 위해 노력하고 있어요.

넷째, '에너지와 환경'. 현재 지구의 환경 파괴 문제는 매우 심각해요. 지구의 모든 생물 종류의 4분의 1이 21세기 말이면 지구 온난화로 인해 멸종 위기에 놓인다고 해요. 이러한 심각한 환경 위기에 맞서 유엔디피는 환경도 살리면서 경제를 발전시킬 수 있는 방법을 찾기 위한 기금을 모으고 있어요. 또한 기후 변화 때문에 증가하는 위험과 재난 들을 해결하려 노력하지요.

4 소중한 문화유산을 지켜 가요

국제연합교육과학문화기구 (UNESCO, 유네스코)

여기는 유네스코 파리 본부!

　우리들은 오랜 비행 끝에 파리에 도착했다. 이곳에는 유네스코 파리 본부가 있다. 유네스코 파리 본부에서 가장 눈길을 끈 것은 건물 앞 정원이었다.
　"왠지 이 정원은 여기 분위기와는 좀 다르네요. 프랑스보다는 동양적인 느낌이 풍겨요."
　연구는 사진을 찍으며 하니 누나에게 말했다.
　"맞아, 이곳은 일본 정부로부터 선물 받은 '평화의 정원'이야. 그래서 그렇게 느껴지는 걸 거야."
　우리는 파리 한가운데에 우리나라 느낌이 나는 정원도 있다면 얼마나 좋을까 하고 아쉬워하며 함께 사진을 찍어 기념으로 남겼다. 우리는 정원 의자에 앉아 도시락을 먹었다.
　"유네스코가 뭐예요? 이름은 들어 본 것 같은데 그래서 더 궁금해요."
　나는 밥을 다 먹고 나니 할 일이 없어 누나에게 이것저것 물어보았다.
　"어머, 네가 웬 일이니? 먼저 궁금하다고 물어보기도 하고?"
　"넌 그냥 좀 넘어가고 그래라. 그렇게 꼬치꼬치 따지면 입 아프지 않냐?"

유미는 내 말에 입만 삐죽거렸지 더 이상 토를 달지는 않았다.

"유네스코는 우리말로 '국제연합교육과학문화기구'라고 해. 쉽게 말해서 교육, 과학, 문화를 통해 전 세계가 힘을 합치도록 만든 기구야."

"교육도 포함하는 거구나! 세계유산[15]을 보호하는 기구라고만 알고 있었는데……."

연구가 새로운 것을 알았다는 듯 반가워했다.

"여러 나라의 교육, 과학, 문화를 서로 나누면 세계가 훨씬 더 가까워질 수 있겠는걸요."

유미가 이어 말했다.

우리는 유네스코 건물 안을 함께 돌아보았다.

어느 휴게실 안을 들어갔을 때였다. 연구가 창문을 향해 달려가며 탄성을 질렀다.

"우와! 에펠탑이다."

우리는 모두 창문 앞에 대롱대롱 매달려 밖을 바라보았다.

"이야, 진짜 근사하고 멋지다!"

유미는 입을 다물 줄 몰랐다. 선명하게 파란 하늘과 눈부신 햇살이 에펠탑

> [15] 세계유산
> 국가라는 경계를 넘어 인류 전체를 위해 보호해야 할 가치가 있다고 인정되는 자연, 사물, 문화들을 말해요. 문화유산, 자연유산, 복합유산으로 나눌 수 있어요.

을 더욱 환상적으로 꾸며 주고 있었다. 휴게실 벽에는 유네스코 헌장[16]이 걸려 있었다.

'전쟁은 인간의 마음속에서 생기는 것이므로 평화의 방벽을 세워야 할 곳도 인간의 마음속이다'로 헌장은 시작되고 있었다.

유엔은 제2차 세계대전이 끝난 뒤 국제 평화를 유지하고 서로 돕기 위해서 창설되었다고 했다. 유엔의 많은 기구들이 각각 역할과 분야는 다르지만 결국 한 가지 목표 아래 일하고 있었다. 바로 국제 평화 말이다. 유엔 체험을 하면서 국제 평화를 유지하기 위해서는 전 세계의 협력이 얼마나 필요한지를 점점 알 수 있었다.

"자, 그럼 이제 유네스코에서 구체적으로 어떤 일을 하는지 알아볼까? 교육 분야와 문화 분야로 나누어서 살펴볼 예정이야. 교육과 문화는 세상을 발전시키는 큰 힘이니까."

[16] 유네스코 헌장

사람들은 두 차례 세계대전을 겪으면서 평화는 정치, 경제의 힘만으로는 이룰 수 없음을 깨닫고, 교육, 과학, 문화 분야에서 여러 나라가 협력하여 세계 평화에 기여하는 국제기구를 만들기로 했어요. 그 결과, 1945년 11월 16일 영국 런던에서 '유네스코 헌장'을 채택함에 따라 유네스코가 창설되었답니다. 유네스코 헌장에는 유네스코의 목적과 역할, 예산 그 밖에 국제 기관과의 관계들을 밝혀 놓았어요.

모두 다르게, 모두 소중하게

하니 누나는 우리를 데리고 6층 회의실로 올라갔다. 그리고 친구를 소개시켜 주겠다며 어디론가 사라졌다. 잠시 뒤, 하니 누나는 전혀 친구 같지 않은 아저씨와 함께 나타났다. 머리는 덥수룩해서 지저분해 보였고 안경도 시커먼 뿔테를 끼고 있었다.

"얘들아, 인사 드려. 유네스코에서 일하고 있는 분이야."

우리는 모두 한목소리로 인사를 했다.

"그래. 너희들이 그 유명한 유엔 체험 한국 대표단이구나. 다들 똘똘하게 생겼는데!"

우리는 덥수룩 아저씨의 칭찬에 서로 마주보며 웃었다. 나는 뭔가 재미있는 냄새가 풍기는 덥수룩 아저씨가 마음에 들었다.

"아마 유네스코에 대해서 궁금한 게 많을 것 같은데 먼저 질문을 좀 받아볼까? 궁금한 건 뭐든지 물어보렴. 대신 아저씨가 알고 있는 것만 물어봐야 한다."

똑순이 유미가 먼저 질문을 했다.

"유네스코는 세계유산을 보호하는 기구라고 알고 있는데요. 세상에는 정말 많은 문화들이 있을 텐데 어떻게 전부 보호할 수 있어요?"

"아주 마음에 드는 질문인데. 유네스코는 문화 분야 중에서도 특히 '문화 다양성' 부분에 집중하고 있단다."

"아저씨, 좀 쉽게 설명해 주세요."

나는 손까지 들고 말했다.

"아, 문화 다양성이란 말이 쉽지 않지? 그럼 문화란 무엇인지부터 짚고 넘어가 보자. 문화라는 것이 무엇일까?"

"영화, 소설, 그림, 패션 뭐 그런 거 아니에요?"

나는 유미와 연구보다도 더 빨리 대답했다.

"딩동댕! 그렇지. 우리 똘똘이 친구가 잘 알고 있구나. 유네스코 설립 당시에는 문화를 미술, 문학, 특정 공연 예술 등으로만 생각했어. 그래서 문화를 보호한다는 것은 모든 나라들이 자기 나라의 미술 작품과 문학 작품 같은 것들을 보호하는 정도로만 생각했지."

나는 덥수룩 아저씨한테 칭찬을 받자 기분이 아주 좋아졌다.

"하지만 1978년 보고타 문화 정책 회담을 계기로 문화를 좀 더 큰 의미로 바라보게 되었단다. '한 사회의 가치와 그 사회에서 생겨난 물건과 현상, 그리고 삶 그 자체에 관한 표현의 총합'이라고 말야."

"그럼 아까 제가 말한 건 예전의 문화에 대한 정의라고 볼 수 있네요?"

"콕 집어서 말하자면 그런 셈이지. 지금 문화의 의미는 생활 양식, 가치 체계, 전통과 신앙 등 모든 것을 담고 있다, 이런 얘기지."

"그러니까 문화란 우리 삶 그 자체라고 볼 수 있네요?"

유미가 정리를 해서 말하자 덥수룩 아저씨는 박수까지 쳤다.

"이해력이 대단하구나. 그러니까 문화의 다양성이란 바로 집단과 사회의 문화가 표현되는 다양한 방식, 다양한 우리 삶의 모습을 의미하는 거야."

우리는 아저씨 말에 고개를 끄덕였다.

"그러니 문화 다양성을 지킨다는 것은 우리 모두의 삶을 지킨다는 말이 되는 거겠지? 그래서 문화 다양성을 지켜야 하는 필요성만이 아니라 그것을 지켜야 할 의무까지도 생겨나게 된 거지."

우리는 덥수룩 아저씨의 말을 열심히 들었다.

"그러다 보니 사람들은 자연스럽게 알게 되었어. 문화란 우리 모두가 함께 힘을 모아 노력해서 보존하고 이어가야 한다는 걸 말이지. 그래서 '문화다양성협약'[17]이 체결되었단다. 쉽게 말하면 세계 여러 나라의 문화유산을 인류 공동의 것으로 생각하고 모두가 함께 소중히 지켜 나가야 한다는 말이지."

[17] 문화다양성협약
정식 명칭은 '문화 표현의 다양성 보호 및 증진 협약'입니다. 여러 나라 사이에 물품을 주고받는 등 눈에 보이는 문제가 아닌 '문화'와 관련된 문제를 해결하려는 생각에서 논의되기 시작했어요.
2005년 유네스코 총회에서 여러 나라들이 모여 '문화 다양성 협약'을 맺었답니다. 이 협약은 문화가 단순한 상품이나 물건으로 다뤄지지 않아야 하며 이를 보호하기 위한 적절한 정책이 마련되어야 한다는 내용을 담고 있어요.

"그런데요, 우리 삶의 모습이 다양하게 변화하는 것은 자연스러운 것이잖아요? 생각해 보면 변화해 가면서 이전의 모습이 사라지는 것도 자연스러운 것 아닌가요? 새로운 문화가 생기기도 하고 또다시 사라지기도 하면서 말이에요. 그러니 전쟁 같은 특별한 상황 때문에 문화가 강제로 사라지는 것이 아니라면 굳이 특별한 보호가 필요할까요?"

"으음. 너희들 초등학생 맞니? 어디 대학생들이 체험 나온 것 같은데? 이야, 놀라워!"

덥수룩 아저씨의 그칠 줄 모르는 칭찬에 우리는 또 한바탕 웃었다.

"참, 너희들 영화 좋아하니?"

"그럼요."

"한국 영화랑 외국 영화 중 어떤 영화를 더 좋아하니?"

"저는 할리우드 영화요. 한국 영화에서는 볼 수 없는 멋진 장면들이 다 나오거든요."

나는 얼마 전 열심히 본 영화를 떠올리며 신나게 말했다.

"그래? 많은 사람들이 너처럼 할리우드 영화만 좋아하게 되면 극장에서도 그런 영화만 상영하려고 하겠지? 그럼 한국 영화는 사라지게 될지도 몰라."

우리는 모두 고개를 끄덕였다. 덥수룩 아저씨가 재미있게 설명해 주니 우리들은 어느새 이야기에 푹 빠져들고 있었다.

"이렇게 문화는 다른 문화에 의해 파괴될 수도 있단다. 그래서 문화다양성 협약이 꼭 필요한 거야. 다른 문화에 의해 버려질지도 모르는 문화들을 보호해야 하니까 말이야."

"그렇긴 하네요. 문화를 상품으로만 취급하면 많이 팔리는 것만 남게 되고 적게 팔리거나 아예 안 팔리는 것은 사라져 버리겠네요."

내 말에 아저씨는 기특하다며 머리를 쓰다듬어 주셨다.

"그렇지. 문화는 많은 사람들이 좋아하는 것만 가치 있는 것은 아니잖니? 다양한 삶의 모습 그 자체로도 충분히 존재해야 할 의미를 갖고 있는 거야."

"아저씨, 그러면 과거 사람들이 남긴 문화들도 세계유산으로 보호하기 위해 노력하고 있나요?"

나는 또 궁금한 것이 생각나 물어보았다.

"이야~ 좋은 질문인데?"

유미와 연구, 하니 누나는 동시에 '와' 하며 나를 쳐다보았다.

"어떤 문화든 그것은 전부 과거로부터 이어져 오는 것이고 현재의 문화도 곧 과거의 문화가 될 거야. 그렇지?"

"네."

우리는 모두 한목소리로 대답했다.

"세계유산은 세 가지로 구분을 하고 있어. 첫째가 문화유산이란다. 역사적으로 중요한 가치를 가지는 것들을 말해."

"건축물이나 조각 작품, 그림 같은 예술 작품들을 말하는 거죠?"

유미가 보충 설명을 하며 끼어들었다.

"그렇지. 둘째로는 자연유산이 있어. 지구의 아름다운 자연 환경을 잘 보여 주는 유산이라고 생각하면 돼. 대표적으로 뭐가 있을까?"

"호수, 산맥과 같이 지구가 자연적으로 남긴 것들 아닐까요?"

연구가 진지하게 대답했다.

"정답이야. 그리고 또 하나, 복합유산이 있단다. 국립 공원처럼 문화유산과 자연유산의 성격을 동시에 지니고 있는 것들이지."

"질문이 있는데요. 그럼《동의보감》같은 책도 문화유산에 들어가는 건가요?"

이상하게 이번 유네스코 체험을 하면서 나답지 않게 자꾸만 궁금한 것들이 떠올랐다.

"그렇지. 하지만 훈민정음, 팔만대장경,《조선왕조실록》과 같은 문화유산은 따로 기록유산[18]으로 분류를 시킨단다."

이렇게 다양한 세계 문화들을 분류해서 알려 주니 더 이해하기 쉬웠다. 그리

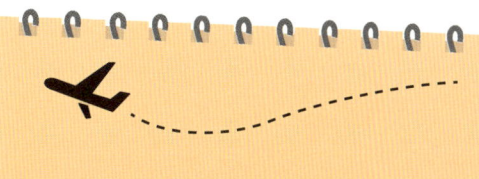

[18] 세계기록유산

유네스코는 인류의 문화를 계승하는 중요한 유산인데도 훼손되거나 사라질 위험에 있는 기록물을 보존하기 위해 1995년 '세계기록유산(Memory of the World)' 사업을 시작했어요.

기록유산은 역사의 기록을 담고 있는 정보 또는 그 정보를 담고 있는 매체를 대상으로 해요. 책이나 신문, 파피루스 종이나 야자 잎 등에 기록이 남아 있는 자료뿐 아니라 그림이나 음악, 비디오 영상과 같은 글이 아닌 자료도 포함해요.

한국의 세계기록유산으로는 훈민정음,《조선왕조실록》,《직지심체요절》(하권),《승정원일기》, 팔만대장경판,《조선왕조의궤》,《동의보감》이 있어요.

19 인류무형문화유산
문화유산 보호 활동이 건축물 위주의 형체가 있는 문화재에만 집중하지 않도록 눈에 보이지는 않지만 사람들 속에 살아 있는 문화를 보호하기 위해 만들었어요. 공연예술이나 기술, 입에서 입으로 전해지는 전통이나 표현을 모두 포함해요.
유네스코에서 지정한 우리나라의 인류무형문화유산으로는 종묘 및 종묘제례악, 판소리, 강릉단오제, 강강술래, 남사당놀이, 불교 의식의 하나인 영산재, 제주 칠머리당 영등굿, 처용무가 있어요.

고 세상에는 정말 다양한 문화들이 있다는 것을 알 수 있었다.

"유네스코에서는 아까 말한 세 가지 분류를 바탕으로 한 세계유산 말고도 기록유산, 그리고 인류무형문화유산[19]도 함께 지정해 보호하고 있단다. 각 나라들이 가지고 있는 독특하고 멋진 문화를 세계에 알리고 모두가 함께 보호하자는 생각에서 말이야."

"우리나라에도 세계유산이 있어요?"

내 질문에 갑자기 웃음바다가 되었다. 하니 누나가 얼른 웃음을 참고 답해 주었다.

"대로야, 우리나라에도 문화유산이 8점, 그리고 자연유산도 한 군데 있어."

"정말 유쾌한 녀석인데? 우리나라 유산이니까 좀 자세하게 일러 줄까? 종묘, 불국사와 석굴암, 해인사 장경판전, 수원 화성, 창덕궁, 경주 역사 유적지구, 고창 화순 강화 고인돌 유적, 조선왕릉 이렇게 8곳이 문화유산으로 지정되어 있어. 그리고 자연유산은 제주 화산섬과 용암 동굴이야. 이 가운데 적어도 한 군데는 가 봤겠지?"

"그럼요."

나는 대충 대답하고 말았다. 사실 가 봤는지 안 가 봤는지도 기억이 나지 않았다. 그래도 어쨌든 나는 기분이 좋았다. 세계유산에 우리나라도 포함되어 있으니 말이다. 그 사실에 괜히 어깨도 펴지고 기도 사는 것 같았다.

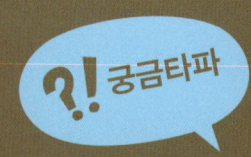

유네스코는 문화 분야에서 어떤 일을 하나요?

유네스코(UNESCO:United Nations Educational, Scientific and Cultural Organization)'는 한국말로 '국제연합교육과학문화기구'예요. 이름처럼 교육, 과학, 문화 분야를 중점적으로 맡고 있는 유엔 기구랍니다.

세계유산을 지켜라

혹시 여러분들은 '세계유산'이란 말을 들어 본 적이 있나요? 세계유산이란 국가라는 경계선을 넘어 인류 전체를 위해 보호해야 할 가치가 있다고 인정되는 자연, 사물, 문화들을 말해요. 이런 제도가 생기게 된 것은 한 국가의 힘으로는 부족했던 문화 보호를 전 세계가 힘을 모아 이루어 냈던 소중한 경험이 결정적이었답니다. 그 멋진 이야기를 소개해 줄게요.

1959년, 이집트에서 있었던 일입니다. 이집트 정부는 나일강에 댐을 하나 건설하게 되었습니다. 그런데 이 댐이 건설되면 인공 호수가 크게 자리하게 되는데 그러면 이 인공 호수 때문에 나일강 상류에 있던 '아부심벨 신전'이 있는 '누비아 유적지'와

이 일대 유물들이 물에 잠길 위험에 놓이게 되었습니다. 하지만 이집트 정부도 수력 발전이 절실한 상황이라 댐을 만들 수밖에 없는 형편이었습니다. 그래서 이 위기를 극복하기 위해 이집트와 수단 정부는 유네스코에 도움을 부탁했어요. 유네스코 집행이사회에서는 이 문제를 해결하기 위해 국제 지원을 결정했습니다. 그리고 이듬해 1960년에 열린 유네스코 총회에서도 누비아 유적지를 보호하기 위해 힘을 모으기로 했고요. 누비아 유적 보호 활동에서 가장 대표적인 사업은 아부심벨 신전을 원래 위치보다 65미터 높은 곳으로 옮기는 일이었습니다. 이는 엄청난 대공사였습니다. 이 신전을 모두 1천 36개의 돌 블록으로 잘라서 옮겼는데 이 돌 블록 하나의 무게가 30톤에 이르렀다고 합니다. 이렇게 힘든 노력 끝에 아부심벨 신전은 마침내 1968년 9월 완벽한 모습 그대로 안전한 곳으로 옮겨질 수 있었습니다. 이 일에 4천2백만 달러의 공사비가 들

아부심벨 신전

었고, 세계 40여 개 나라 기술팀들이 모여 4년에 걸친 노력 끝에 기적 같은 일을 성공적으로 해낸 것입니다. 당시 이집트 사람들은 아부심벨 신전의 수호신인 태양의 신 아몬을 일컬으며 '태양의 신 아몬의 기적'이라고 감탄했다고 합니다.

유네스코 문화 분야에서 일하고 싶다면 무엇을 준비해야 할까요?
　다양한 문화 속에 담긴 의미와 그 가치를 알아볼 수 있는 통찰력이 필요합니다. 다양한 문화들의 가치를 제대로 느끼고 알기 위해서는 세계의 다양한 문화들을 객관적이고 또한 비판적으로도 볼 수 있는 눈이 필요하지요. 그러기 위해서는 역사, 철학, 예술, 문학 등 다양한 분야에 관심을 가지고 공부하는 것이 좋아요.
　무엇보다 여러 나라의 다양한 문화를 머리로 뿐만 아니라 가슴으로도 깊이 이해하는 마음가짐이 필요합니다. 나와 다른 피부색을 갖고 있고, 나와 다른 음식을 먹고, 나와 다른 사고방식을 가지고 있는 사람들과 함께 어울리며 그 사람들의 자그마한 손짓, 눈빛에 담겨 있는 그들의 문화를 마음으로 느끼는 것이지요.
　현재 우리나라에 살고 있는 외국인이 116만 명이 넘는다고 해요. 외국인들을 피부색이나 겉모습만으로 판단하지 않고 그들의 문화와 존엄성을 있는 그대로 알고 존중하는 것이 중요해요. 우리와 다르다고 해서 겁내거나 무시하는 것이 아니라 마음을 열고 조화롭게 어울려 살아가려는 마음가짐이 필요해요.

아시아 청소년 생명 평화 축제

다문화 어린이 청소년 전통 문화 체험

2008 다문화 가정 어울림 마당

다짜고짜 인터뷰

유네스코 한국위원회에서 일하고 있는 김지현

Q 유네스코 한국위원회는 주로 어떤 일을 하나요?

유네스코 한국위원회는 1950년 우리나라가 유네스코에 가입한 뒤 1954년에 설립되었어요. 한국위원회는 유네스코의 이념을 우리나라에 널리 퍼뜨리고, 유네스코와 정부, 시민 사회를 연결해 주는 다리가 되고 있어요.

Q 유네스코에서 주로 어떤 일을 하나요?

유네스코 한국위원회 문화커뮤니케이션팀에서 문화유산과 예술 교육 업무를 담당하고 있어요.
세계유산을 신청하고 관리하며, 해외로 불법 반출된 우리 문화재 반환 사업, 그리고 문화재 보존 사업 들을 돕고 있어요. 아울러 국내외 문화예술 분야의 정보 통신망 관리도 담당하고 있어요.

Q 유네스코에서 일하기로 결심한 계기는 무엇인가요?

어릴 때부터 역사에 관심이 많았어요. 그래서 역사를 전공하고 싶어 인문대학에 진학했지요. 전공 선택을 위해 들었던 '고고학의 이해'라는 수업에서 유네스코 세계유산인 고인돌에 대해 들으며, 유네스코에서 일하고 싶다는 목표를 가지게 되었죠. 저는 서로의 문화를 이해하고 알아 가는 것이 궁극적으로 세계 평화에 크게 도움이 될 거라는 굳은 믿음이 있어요. 대학교 때 외국 생활을 하면서 여러 나라의 친구들과 어울리면서, 그리고 다른 문화권에 대한 이야기를 들으면서 점점 '다름'에 대한 열린 자세를 가지게 되었어요. 그래서 문화를 통해 세계 평화를 이뤄 낸다는 유네스코의 이념에 깊이 공감하게 되었어요.

Q 국제기구에 들어가기까지 어떤 노력을 했나요?

유네스코에서 일하겠다는 목표를 세운 뒤, 가장 관련이 깊은 고고미술사학을 전공했어요. 그 뒤로 국제 대학원에 진학해 국제 협력학을 공부하면서 국내외 국제기구에서 인턴으로 활동하며 목표에 한걸음씩 다가갔습니다.

Q 국제기구에서 일하는 분들 가운데 본받고 싶은 분이 있나요?

제가 인턴을 하면서 만나게 된 국제 민간단체인 Art Miles

Mural Project(AMMP)의 대표 조앤 타우필리스 씨가 있습니다. 이분은 국제연합환경계획(UNEP)에서 일하다 은퇴 뒤에는 '벽화 그리기' 운동과 '희망의 운동화' 사업을 진행하고 있어요. 자신의 신념을 위해 한평생 열정적인 삶을 살고 있는 조앤 씨는 제가 가장 존경하는 분이에요.

Q 유네스코 문화 분야에 관심 있는 어린이들이 지금 준비할 만한 일이 있을까요?

우리나라에는 현재 유네스코 세계유산으로 지정된 문화유산 8점과 자연유산 1점이 있어요. 또한 주변을 둘러보면 우리 가까이에 우리 문화의 결정체라고 할 수 있는 문화재들을 쉽게 찾아볼 수 있지요. 이러한 문화유산을 아끼고 소중하게 보존하는 것이야 말로 유네스코의 정신과 함께 하는 첫걸음이라고 생각해요.

유네스코 한국위원회가 운영하는 서울시립청소년문화교류센터에서 어린이들이 참여할 수 있는 프로그램을 많이 진행하고 있어요. 달마다 새로운 문화를 경험해 볼 수 있는 다양한 프로그램이 진행되지요. 또한 세계문화유산을 통해 다른 나라의 문화를 이해하고 영어도 배울 수 있는 프로그램과, 희망을 그린 운동화를 제3세계 나라 어린이들에게 직접 보내는 희망의 운동화 사업에 참여할 수도 있습니다.

Q 앞으로의 꿈이나 목표는 무엇인가요?

세계 평화에 작은 보탬이 되고자 하는 꿈을 지켜 나가고 싶어요. 유네스코 한국위원회에서 열심히 일한다면 그 꿈에 더 가까워질 수 있겠죠. 기회가 닿는다면 문화 정책 분야를 더 공부해서 문화 관련 전문가가 되고 싶습니다.

Q 국제기구에서 일하고 싶은 어린이들에게 해 주고 싶은 말이 있다면요?

'하늘은 스스로 돕는 자를 돕는다'는 말이 있습니다. 국제기구에서 일하는 것이 어려워 보일지도 모르겠지만, 꿈을 잃지 않고 열심히 노력하며 준비한다면 기회가 찾아올 거예요. 더불어 서로 다른 문화권의 사람들과 함께 국제기구에서 일하려면 항상 '다름'을 인정하는 열린 자세를 길러야 해요. 항상 꿈과 목표를 가지길!

모두를 위한 교육[20]

다음 날 우리는 유네스코가 교육 분야에서 어떤 일을 하고 있는지 알아보았다.

"오늘 유네스코에서 교육 정책 회의가 있어. 그 회의에 우리도 직접 참석해 볼 거야. 직원들만 참석하는 회의인데 어린이 체험단도 명예 직원 자격으로 참석할 수 있도록 배려해 줬어."

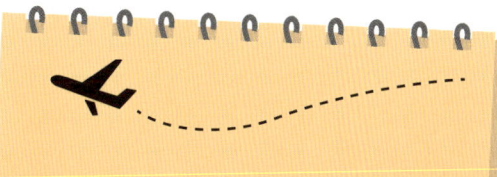

[20] 모두를 위한 교육
유네스코는 교육을 통한 빈곤 퇴치와 삶의 질 향상을 위해 2015년까지 모두를 위한 교육(EFA : Education for All)을 이루기로 했어요. 2000년에 열린 세계교육포럼에서 모두를 위한 교육의 목표로, ① 영유아 교육 확대 ② 13세 미만 아이들의 무료 교육 ③ 청소년과 어른을 위한 교육 기회 늘리기 ④ 글을 배우지 못한 어른들을 위한 교육 ⑤ 학교에서의 성차별 철폐 ⑥ 모든 면에서 교육의 질 개선. 이렇게 모두 여섯 개의 목표를 세웠답니다.

우리는 유엔 명예 직원이라는 말에 환호성을 질렀다. 하니 누나는 회의에 참석하기 전 미리 알아 둘 것들을 말해 주었다.

"유네스코 하면 사람들은 세계유산 보호 기구라고 먼저 떠올리지? 그런데 유네스코가 하는 일 가운데 실제로 가장 많은 부분을 차지하는 것은 바로 '교육'이야. 문화재 지정과 같이 눈에 보이는 일은 아니지만 교육 분야에서 많은 일들을 하고 있단다."[21]

"구체적으로 어떤 일들을 하는 거예요?"

21 유네스코 교육 사업

유네스코 하면 문화재 보호 기구라고만 알기 쉽지만, 사실 유네스코는 예산의 30% 이상을 교육 분야에 투자하고 있어요. 교육 사업은 유네스코가 세워진 뒤로 유네스코의 가치와 이상의 중심을 이뤄 왔어요. 유엔 기구 가운데 유일하게 고등 교육을 담당하는 기구이기도 하지요. 유네스코에서는 초중고 학교 교육 정책뿐 아니라 교사 자격 기관을 세워 교사 교육을 하기도 하고, 타문화 이해 사업, 인권 교육, 환경 교육, 국경을 넘는 교육 협력 사업 등 다양한 방향으로 교육 사업을 펼치고 있어요.

내 질문에 하니 누나 대신 유미가 대답했다.

"지금 우리가 받고 있는 교육을 생각해 봐. 초등학교, 중학교, 고등학교 과정 말이야. 이렇게 단계별로 교육을 받을 수 있도록 유네스코에서는 교육 정책들을 다양하게 제시해 주고 있대."

유미는 교육 분야에 남다르게 관심을 더 갖고 있었다.

"그래, 지금 참석할 회의도 그런 정책에 대한 의견을 나누는 회의인 셈이지. 그래서 선생님, 어린이 행동 전문가, 정책 전문가 등 교육과 관련된 다양한 분야의 사람들이 모여."

잠시 뒤 회의가 시작되었다. 회의 참석자들은 모두 영어로 이야기했기 때문에 하니 누나가 통역해 주었다.

회의는 초등학교에 가기 전 아이들의 교육에 대한 내용이었다. 참석한 사람들은 여러 문서를 서로 돌려 가며 토론했다. 한 번의 회의로 끝나는 것이 아니라 몇 번의 회의를 더 거쳐 세워진 교육 정책은 전 세계로 보내진다고 했다. 그러면 세계 곳곳에서 유네스코에서 제시한 교육 방법에 따라 아이들을 교육시킨다는 것이다.

정말 교육을 위한 유네스코의 숨은 힘이 대단해 보였다. 그리고 이곳에서 일하는 사람들을 보니 꽤 매력적인 직업이라고 느껴졌다.

회의가 거의 끝날 무렵에 회의 진행자가 우리를 보며 뭐라고 말을 했다.

"너희들 가운데 체험 소감이나 교육에 대한 이야기를 해 볼 사람이 있냐고 묻는데?"

우리는 갑작스런 질문에 아무도 나서지 못하고 있었다. 똑순이 유미도 이럴 때는 조용하다.

"걱정하지 말고 아무런 얘기라도 좋으니까 한번 해 볼 사람 없어?"

"배유미, 네가 많이 아는 것 같던데 네가 해야지. 안 그러냐?"

나는 혹시라도 나를 시킬까 봐 마음이 두근두근해 유미에게 얼른 화살을 돌렸다.

"알겠어요. 제가 한번 해 볼게요."

유미는 마이크를 들고 자리에서 일어섰다. 하니 누나도 옆에서 통역할 준비를 했다.

"안녕하세요. 저는 한국에서 온 배유미라고 합니다. 먼저 유엔 체험단으로 이곳에 오게 되어서 무척 기쁩니다."

늘 당차고 똑똑한 유미도 이런 때는 목소리가 부르르 떨렸다.

"제가 다니는 강릉 박사 초등학교는 유네스코와 밀접한 관련이 있는 학교입니다. 우리 학교는 '유네스코 협동학교'[22]로 지정되어 있거든요. 협동학교란 유네스코에서 하고 있는 사업 가운데 하나래요. 처음엔 저도 잘 몰랐지만 지금은 정말 자랑스러운 마음으로 학교를 다니고 있답니다. 모두 유네스코에서 전 세계 어린이들을 위해 노력해 준 덕분입니다. 또 우리 할머니는 어릴 적에 가난해서 학교를 제대로 다니지 못해서 글씨를 못 배우셨대요. 그런데 평생교육관에 다니면서 이제는 글을 읽고 쓸 줄 아세요. 선생님이 그러는데 유네스코는 세상 모든 사람들이 교육을 받을 수 있도록 노력한다고 들었어요. 앞으로 배우고 싶어도 배울 수 없었던 어른들이 모두 평등하게 공부할

> [22] **유네스코 협동학교**
> (UNESCO Associated Schools)
> 유네스코는 세계 여러 나라가 서로 협력하고 평화로운 지구촌을 만들 방법을 고민하던 가운데 좋은 방법을 찾게 되었어요. 바로 학교 교육을 통해 다른 문화에 대한 이해와 관용, 평화와 인권의 가치를 자라나는 다음 세대에게 가르치는 것이었죠. 그렇게 출발한 것이 1953년에 시작한 협동학교 사업이에요. 협동학교에 가입하면 세계 여러 나라의 교육 자료, 학생 및 교사의 교류 등 다양한 국제 교류를 경험할 기회를 갖게 되어 다른 나라 친구들은 어떻게 공부하고 생활하는지도 배울 수 있어요. 2010년 현재 전 세계 180개 나라의 8,500여 개 교육기관이 유네스코 협동학교로 활동하고 있어요.

수 있도록 더 많이 노력해 주세요. 고맙습니다."

모든 회의 참석자들이 박수를 쳐 주었다. 우리들도 함께 유미에게 박수를 보냈다. 유미가 정말 대단해 보였다. 유미에 대해 몰랐던 사실을 알게 되니 신기하기도 했다.

숙소로 돌아오는 길에 하니 누나는 협동학교에 대해 자세하게 이야기해 주었다. 현재 우리나라에는 초등학교 16개를 포함해서 모두 108개의 학교가 유네스코 협동학교로 가입되어 있다고 했다. 그리고 하니 누나는 유미의 할머니가 글을 깨우쳤다는 얘기에 감동했다면서, 유네스코에서는 전 세계 많은 사람들이 글을 알고 사용할 수 있도록 문맹 퇴치에 힘을 쓰고 있는 사람이나 단체에게 세종대왕 문해상[23]을 주고 있다고 했다.

아무튼 유미는 참 행운아인 것 같다. 그 많은 학교들 가운데 협동학교에 다니고 있으니 말이다. 우리가 유미를 부러워하자 유미는 웃으며 말했다.

"맞아. 나도 그렇게 생각해. 내가 유엔 체험단에 뽑히게 된 이유도 다 그 덕분이라고 볼 수 있어. 우리 학교가 협동학교인 것을 알고 나서 국제기구에

---

[23] **세종대왕 문해상**
유네스코에서는 글자를 모르는 백성들을 위해 한글을 만든 세종대왕의 업적을 기리기 위해 1990년부터 해마다 문맹 퇴치의 날인 9월 8일에 세종대왕 문해상을 시상해 오고 있어요. '문해'란, 글을 읽고 이해하는 것을 말해요.

호기심을 갖게 되었고 꿈도 키우게 되었으니까 말이야."

 한국으로 돌아가면 교장 선생님께 우리 학교도 협동학교로 가입하자고 말해 봐야겠다. 협동학교가 된다면 다양한 나라의 친구들도 많이 만날 수 있고, 좀 더 달라진 환경 속에서 공부를 즐겁게 할 수 있지 않을까?

 우리와 생김새, 문화가 다른 아이들도 '틀림'이 아닌 '다름'으로 받아들일 수 있을 것 같다.

덥수룩 아저씨의 인권 이야기

다음 날 우리는 다시 유네스코 본부를 방문했다. 덥수룩 아저씨가 우리를 마중 나와 있었다. 다시 만난 덥수룩 아저씨는 두 번째 만남이라 그런지 더 반가웠다.

"대로는 살아가면서 당연하게 누려야 한다고 생각하는 게 뭐니?"

"밥 먹고 자는 거요."

나는 가장 하고 싶은 것을 술술 말했다. 모두들 그럴 줄 알았다는 표정으로 웃었다.

"그래, 맞아. 그것 말고도 정말 많은 것들이 있을 거야. 이렇게 인간이라면 기본적으로 누리고 살아야 할 권리를 '인권'이라고 한단다."

"밥 먹고, 자고, 화장실 가고, 공부하고, 책 읽고, 여행 가고 이런 게 전부 인권이라는 거죠?"

이상하게 덥수룩 아저씨와 이야기를 하면 나도 모르게 말이 술술 나왔다.

"그렇지. 인권은 사람이 사람답게 살 수 있는 권리이니 모든 사람이 다 누려야겠지? 하지만 우리가 당연하게 생각하는 권리들을 누리지 못하는 사람들이 많아. 더 슬픈 건 어떤 사람들은 자기 인권이 침해당하고 있다는 사실조차 모른다는 거야."

"그런 사람들을 위해서 유네스코가 발 벗고 나서는 거구나?"

연구가 열심히 적다가 말고 말했다.

"그렇지. 먼저 사람들에게 인권에 대해 가르쳐야 해. 인권이 무엇인지 그리고 왜 존중받아야 하는지를 알려 주어야 해. 그중에서도 누구나 평등하게 교육을 받는 것도 인간이 마땅히 누려야 할 권리라는 것을 알리는 일은 매우 중요하지."

"유네스코 덕분에 인권 상황이 좋아진 나라들도 많겠네요?"

"그럼. 세계에는 인권에 대한 교육이 전혀 이루어지지 못한 나라가 많아. 그들에게 도움을 주기 위해 유네스코를 중심으로 세계의 많은 나라들이 힘을 모으고 있어. 그 노력 덕분에 인권 문제가 점점 나아지고 있지."

"와, 만약 유네스코란 국제기구가 없다면 이렇게 여러 나라들이 협력하기는 매우 힘들겠어요."

나는 유네스코의 힘을 다시 한 번 실감했다.

"예를 들어 한 마을에 끊임없이 전쟁이 일어나고 있다고 생각해 보렴. 그 마을의 아이들은 전쟁 때문에 제대로 교육받을 기회를 놓치게 될 거야. 그럴 때 유네스코가 나서서 그들을 도울 수가 있어. 유네스코는 다른 여러 나라의

도움을 받아서 전쟁으로 살 곳을 잃은 난민들이 정착할 수 있도록 도울 거야. 그곳에 임시 학교도 세우고 말이야."

"인권 교육도 하고, 임시 학교도 세우고, 유네스코가 하는 일이 정말 많은 것 같아요."

연구는 열심히 적으며 말했다.

"그렇지. 특히 교육 분야는 성과가 바로 눈에 보이지 않기 때문에 힘들어. 하지만 그렇다고 해서 아무도 교육에 투자를 하지 않을 수는 없겠지? 교육이 이루어지기 위해서는 학교 건물도 필요하고 학생들을 가르칠 선생님, 책걸상 같은 다양한 학습 환경이 갖추어져야 하니까 유네스코의 도움이 필요하단다. 이렇게 많은 시간과 정성이 들어가야 하니 유네스코 역시 여러 나라들의 도움이 없다면 활동하기 힘들겠지?"

"모든 나라들이 유네스코를 도와야겠군요."

"그럼. 그래야 세계 모든 나라들이 동등한 권리를 누릴 수 있는 날이 빨리 올 테니까. 현재 유엔의 모든 기구들은 새천년개발목표(MDGs)[24]를 가장 먼저 이뤄야 할 목표로 두고 노력하고 있단다. 유네스코에서도 앞장서서 많은 역할을 하고 있지."

"새천년…… 뭐라고요?"

나는 모든 유엔 기구들이 기준으로 삼는다는 목표가 무엇인지 몹시 궁금해서 물어보았다.

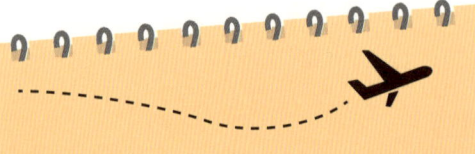

[24] **새천년개발목표(MDGs:Millennium Development Goals)**
21세기를 앞둔 2000년 9월, 전 세계 지도자들은 뉴욕 유엔 본부에 모여 '새천년정상회의'(Millennium Summit)를 했어요. 다가오는 21세기에 여러 나라가 함께 해결해야 할 문제들을 논의하기 위해서였죠. 깊이 있는 회의 끝에 192개 나라 지도자들은 '2015년까지 지구촌이 맞닥뜨린 가장 시급한 문제를 해결하자'는 의미로 '새천년정상선언(Millennium Declaration)'을 발표했어요. 가장 시급한 문제로는 빈곤, 보건과 교육, 환경 문제 들을 꼽았어요. 2001년 유엔 총회에서는 새천년정상선언에서 나온 문제를 해결하기 위해 여덟 가지 핵심적인 목표를 제시했어요.
그 여덟 가지 목표는 ①절대 빈곤과 기아 퇴치 ②보편적 초등 교육 달성 ③양성 평등과 여성 능력의 고양 ④유아 사망률 감소 ⑤산모 건강 증진 ⑥에이즈, 말라리아 및 기타 질병 퇴치 ⑦지속 가능한 환경 보장 ⑧개발을 위한 국제 협력 구축이에요.

덥수룩 아저씨는 친절하게 알려 주었다. 그러고는 내 머리를 쓰다듬더니 한마디 덧붙였다.

"너희도 한국에 돌아가면 친구들과 서로 사이좋게 지낼 거지? 그런 태도가 나중에는 이웃을 돕는 마음으로 그대로 연결되는 법이거든."

그동안 친구들을 골탕 먹일 생각만 했던 내게는 이번 유네스코 체험이 특별했다. 잘 지켜질지는 모르겠지만 지금 이 순간부터는 친구들과 잘 지내 봐야겠다는 생각을 하게 되었으니까 말이다.

유네스코 체험을 끝내고 우리는 기다렸던 마지막 체험을 하러 파리를 떠날 준비를 했다. 덥수룩 아저씨는 우리를 배웅하려고 일부러 공항까지 나와 주었다. 다시 만날 수 있기를 바라며, 아쉬움에 아저씨에게 와락 안겼다.

"아저씨, 고맙습니다. 아저씨 덕분에 많은 걸 배웠어요."

나는 아저씨에게 진심으로 말했다.

"그래, 우리 친구들. 다시 만날 날까지 열심히 공부하고 잘 지내!"

한국으로 돌아가면 항상 나를 칭찬해 줬던 덥수룩 아저씨가 분명 보고 싶을 것 같았다.

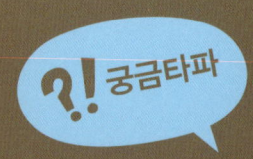

유네스코는 교육 분야에서 어떤 일을 하나요?

▷ 아프리카 수단의 학교

우리나라 어린이들은 여덟 살이 되면 학교에 가는 것이 당연한 일이지요. 하지만 우리에게 당연하게 여겨지는 것들이 어떤 나라에서는 매우 어려운 일이 되기도 한답니다.

인도의 몇몇 어린이들은 아침마다 학교에 가는 대신 공장으로 향합니다. 하루하루 끼니를 때우기 힘든 형편이라 학교 대신 돈을 벌기 위해 공장으로 가는 것입니다.

아이들은 주로 폭죽 공장이나 성냥 공장으로 가는데, 이런 공장은 화재와 폭발 위험이 아주 많습니다. 하지만 아이들은 값싼 임금을 받으며 이런 공장에서 하루 종일 일해야 합니다.

유네스코에서 노력하고 있는 '모두를 위한 교육'은 바로 이런 어린이들이 학교에 갈 수 있도록 도와주는 것입니다.

'모두를 위한 교육'의 대상은 어린이나 청소년에게만 해당하는 것은 아니에요. 직장을 얻기 위해 기술을 배우고 싶어하는 사람들, 나이가 들었지만 무엇인가를 배우고 싶은 할머니, 할아버지들도 마찬가지예요. 평생 교육은 말 그대로 사람이 태어나서 죽을 때까지 평생 동안 교육을 받는다는 것입니다. 이렇게 유네스코는 모든 사람들이 교육을 받을 수 있도록 늘 노력하고 있습니다.

유네스코 교육 분야에서 일하고 싶다면 무엇을 준비해야 할까요?
 유네스코에는 여러 나라에서 모인 전문가들이 사무실이나 현장에서 다양한 사업들을 계획하고 관리합니다. 교육 분야는 대상과 범위가 매우 크기 때문에 교육 전문가가 되고 싶다면 꾸준히 교육과 관련된 쟁점에 눈과 귀를 기울이는 자세가 필요합니다.
 교육은 부모님이 자식을 기를 때 아무런 대가를 바라지 않고 절대적인 사랑으로 보살피는 것과 같습니다. 앞으로 교육과 관련된 일을 하고 싶다면 평소에 따뜻한 마음가짐을 가지도록 노력하면 좋겠습니다. 예를 들어 학급의 친구가 잘 모르는 것이 있다면 그 친구를 놀리고 깔보기보다는 내가 아는 것들을 가르쳐 주며 격려해주는 것도 모두 따뜻한 마음에서 비롯되는 일입니다.

다짜고짜 인터뷰

유네스코 아시아태평양 국제이해 교육원에서 일하고 있는

이지향

Q 국제기구에서 일하기로 결심한 계기는 무엇인가요?

선생님이 되고 싶어 사범대학교를 다니던 중, 유네스코 한국위원회가 개최한 '국제청년야영'이라는 프로그램에 참가하게 되었어요. 다양한 나라의 젊은이들을 만나며 왜 국제 사회 문제에 관심을 가져야 하는지를 고민하게 되었어요. 특히 어려서부터 생활 속 작은 실천을 통해 지역 사회를 변화시키는 것이 당연한 일이라고 배워 온 다른 나라의 젊은이들을 보면서, 공부의 목표가 개인의 발전만을 위한 것이라고 생각하는 우리나라 교육이 변했으면 좋겠다고 생각했어요. 그 일을 계기로 자연스레 국제적 관점을 갖춘 교육 활동가의 길을 꿈꾸게 되었답니다.

Q 유네스코 아시아태평양 국제이해교육원은 어떤 일을 하는 곳인가요?

유네스코 아시아태평양 국제이해교육원(APCEIU:Asia Pacific Centre of Education for International Understanding)은 '국제이해교육'을 통해 아시아태평양 지역에 평화 문화를 퍼뜨리기 위해, 세계 평화의 해인 2000년에 한국에 설립된 세계 최초의 국제이해교육 전문기관이에요.
평화와 인권이 존중되는 더불어 사는 세상을 만들기 위해 타문화 이해, 평화, 인권 들을 가르치는 '국제이해교육'을 실현하기 위해 교육 철학 및 정책을 개발하고, 교사를 길러 내고, 교재를 개발하며, 교육 정보를 널리 알리는 일을 하지요.

Q 국제기구에서 일하기 위해 어떤 노력을 하셨나요?

저는 국제기구에서 일하기 위해 준비를 했다기보다는 좋은 교육자가 되기 위해 노력해 왔어요. 동아리 활동이나 학생회 활동을 하며 나와는 다른 사람들과 함께 어울리며 생활하기도 하고, 사회단체에서 하는 각종 강연도 열심히 들었어요. 물론 여러 활동을 하면서도 꾸준히 외국어 공부

△ 태국 치앙마이 아이들

© APCEIU

를 했지요.

대학 졸업 후, 유네스코 한국위원회 청소년팀에서 일하면서, 다문화 환경에서 겪는 갈등을 평화적으로 해결하는 기술이 한국 젊은이들에게 많이 부족하다고 느꼈어요. 그래서 미국으로 가서 지역학과 평화 교육에 대해 더 깊이 있게 배웠어요.

Q 국제기구에서 일하면서 가장 어려운 점은 어떤 건가요?

교육 분야는 그 성과가 하루아침에 보이는 것도 아니고 그 결과를 측정할 수도 없어요. 누구나 평화, 인권, 문화 다양성이 중요하다는 것은 알아도 이를 위해 교육이 어떻게 바뀌어야 하는지는 알지 못해요. 또한 교육은 끊임없는 재교육의 과정과 평생 교육으로 일상 속에서 실천될 때 효과를 갖게 된답니다. 꾸준한 노력이 필요해요.

Q 현재 교육 분야에서 가장 절실한 사업은 무엇이라고 생각하세요?

아프리카와 아시아 태평양 지역의 교육자가 그 사회 내에서 교육 전문가로서 인식될 수 있도록 더 나은 교육을 받게 하는 것이 현재 교육 분야에서 가장 절실한 사업이라고 생각해요. 교육자 스스로 책임감을 느끼고 역량을 갖추어야 전 세계적인 교육이 동시에 이루어질 수 있어요.

그리고 학교를 세우고 책걸상과 교과서를 나눠 주는 것도 중요하지만, 미래의 교육을 담당할 교육자를 키우는 데에도 관심과 지원이 있으면 좋겠어요.

Q 계속 이 일을 하고 싶을 만큼 멋진 일인가요?

누군가의 삶을 교육을 통해 변화시킬 수 있다는 것은 참으로 멋진 일이랍니다.

몇 번의 교육으로, 우연히 접하게 된 책 하나로 세상을 바꿀 수 없다는 것을 알고 있지만, 그래도 우리 교육원을 통해 '국제이해교육'을 접한 교육자들이 몇 년 뒤에 자신과 학생들의 삶이 어떻게 변하였는지 말해 줄 때 정말 보람을 느껴요.

Q 국제기구에서 일하고 싶은 어린이들에게 해 주고 싶은 말이 있다면요?

국제기구에서 일하고 싶다면, 나의 능력이나 지식을 '베푸는' 것이 아닌 '나누는' 것이라는 생각을 가지면 좋겠어요. 다양한 경험을 하며 여러 사람들과 만나면서 무엇을, 어떤 방법으로 나누고 싶은지 이해하고 꿈을 키워 나가면 더 좋

6 아이들이 고통받지 않았으면 좋겠어요

국제연합아동기금 (UNICEF, 유니세프)

유니세프 현장, 예멘으로 가는 길

유니세프는 방송을 통해 자주 들어 본 국제기구이고, 유니세프 저금통에 돈을 모아 낸 기억이 있어 더욱 친근하게 느껴졌다.

"유니세프 본부는 뉴욕에 있지만 우리는 예멘으로 가서 생생한 현장 체험을 하려고 해."

헉, 예멘이라니? 처음 듣는 나라였다.

"예멘은 《아라비안나이트》의 배경이기도 한 나라야. 지금은 여러 납치 사건과 폭탄 테러가 일어나 사회가 불안하지. 그리고 어린 나이에 강제로 결혼을 시키는 조혼 제도가 남아 있어 여자아이들이 큰 고통을 받고 있어. 가난과 잘못된 제도로 고통받는 아이들을 돕기 위해 유니세프의 손길이 어디보다 필요한 곳이란다."

납치? 테러? 누나의 말에 긴장도 됐지만, 한편으로는 여러 나라 유엔 체험단 친구들이 다 모여서 현장 체험을 한다고 하니 살짝 기대가 되기도 했다.

"체험하면서 예쁜 예멘 동생 만나면 자매결연 맺고 와야지."

나는 비행기에서 별생각 없이 말했다.

"왜 굳이 예뻐야 하니? 하여간 남자들이란!"

유미가 혀까지 끌끌 차며 말했다.

"나는 이미 자매결연을 맺은 동생이 있어."

연구는 조금은 쑥스럽다는 듯 말했다.

"그래? 어느 나라 아이인데?"

"아이티라고 알지? 얼마 전 지진 때문에 큰 피해를 입었던 나라 말이야. 그곳에 사는 귀여운 '하루나'라는 아이와 자매결연을 맺고 도와주고 있어."

"이야, 그렇구나. 역시 넌 뭐가 달라도 다르구나. 근데 너도 아직 어리면서 어떻게 도와주냐?"

"용돈 받은 걸 조금씩 모아서 그 아이한테 보내 주고 있어."

"유미 넌 없어? 자매결연 맺은 아이?"

"아직은 없는데 곧 맺게 될 거야. 저번에 학교에서 교류를 통해 알게 된 친구가 있거든."

"너희들은 정말 외계에서 온 애들 같다. 내 주변에는 너희 같은 애들은 없었으니까."

벌써 마지막 체험만을 남겨 두고 있다. 어느새 나는 유미와 연구가 가족처럼 느껴지기 시작했다. 그동안 미운 정 고운 정이 다 들었나 보다.

"유니세프가 어린이들을 위해서 일하는 건 알고 있는데요. 그렇다고 해서 전 세계 어린이들을 무작정 도와줄 수는 없잖아요? 뭐랄까, 도와주는 기준이 따로 있나요?"

유미의 질문에 하니 누나는 고개를 끄덕이며 대답을 했다.

"좋은 질문이야. 가난해서 밥을 못 먹는 아이도 있고, 학교를 못 가는 아이도 있고, 아파도 병원에 못 가는 아이도 있지. 우리는 어떤 아이를 도와야 할까? 유니세프에서는 나름대로 원칙을 정했단다. 그걸 집중 활동 분야(Focus Areas)25라고 하지."

하니 누나는 유니세프가 활동하는 분야에 대해 자세히 설명해 주었다. 유니세프는 고통받는 아이들을 위해 많은 일을 하고 있었다. 나도 세계의 아이들을 위해 무엇인가 할 수 있는 일이 있을까?

25 **집중 활동 분야(Focus Areas)**
유니세프에서 중요하게 생각하고 활동하는 분야를 말해요. 첫째는 어린이의 생존과 관련된 분야예요. 대부분 나라에서는 더 이상 존재하지 않는 말라리아 같은 질병에 걸려 죽는 아이들이 없어야 한다는 거예요. 둘째, 남자, 여자 아이들에게 평등한 기초 교육을 받을 수 있게 하는 거예요. 학교에 다니지 못하는 아이들이 세계에 9천만여 명이나 된다고 해요. 특히 여자아이들이 못 가는 경우가 많지요. 셋째, 에이즈에서 아이들을 보호하는 거예요. 에이즈는 우리 몸을 외부의 질병으로부터 지켜 주는 몸 안의 방어 장치가 약해지는 병이에요. 세계의 아이들이 겪는 큰 문제지요. 넷째, 아동 보호예요. 전 세계에 폭력과 착취에 시달리는 아이들이 3억 명이나 된다고 해요. 보호를 제대로 받지 못한 아이들은 죽을 수도 있고 몸과 마음에 크게 상처를 받을 수도 있어요.

예멘에서 만난 친구

 예멘에 도착한 우리는 여러 나라 유엔 체험단이 모여 있는 타이즈라는 산속으로 갔다. 우리는 산에 도착하자마자 전쟁으로 고아가 된 아이들이 많이 모여 산다는 마을로 향했다. 대관령 고갯길보다 더 심한 산비탈 길을 다섯 시간가량 걸어 올라갔다. 거의 탈진할 무렵 드디어 마을이 보이기 시작했다. 이처럼 높고 깊은 산속에 마을이 있다는 게 놀라웠다.

 "하니 누나, 여기는 그래도 텔레비전에서 본 나라들처럼 아주 가난해 보이지는 않는데요?"

 마을 모습이 생각했던 것보다 그런대로 갖추어져 있었다.

 "그래, 유니세프의 도움으로 지금은 많이 나아졌어. 소아마비도 많이 줄었고 말이야. 하지만 여전히 다섯 살도 안 되는 어린이 가운데 46%가 정상 체중보다 덜 나가고 있어."

 "못 먹어서 그런 거죠?"

 "가난한 나라이니까 도움이 많이 필요하지. 더욱이 이 마을은 산속이 있어서 더욱 어렵게 살아가고 있어."

그나마 유니세프의 도움으로 질병과 가난에서 조금씩 벗어나고 있다니 다행이라는 생각이 들었다.

"여기서는 따로 숙소가 없어. 우리는 오늘 밤부터 사흘간 라멘다네 집에서 생활하게 될 거야."

우리들은 하니 누나와 함께 라멘다네 집으로 찾아갔다. 라멘다는 소아마비를 앓고 있는 언니와 단둘이 살고 있었다. 밤 늦게 도착했지만 라멘다는 대문까지 열고 우리를 기다리고 있었다.

하니 누나는 라멘다와 아랍어로 인사를 나누었다. 우와, 아랍어까지 능숙하게 말하는 누나를 보니 정말 입이 쩍 벌어졌다.

"누나, 아랍어도 할 줄 알아요?"

"지금 한참 공부하는 중이라 잘하지는 못해."

누나가 정말 대단해 보였다.

금세 친해진 라멘다 자매와 하니 누나, 유미는 함께 잔다며 방으로 들어갔다. 그러고는 같이 노래도 부르고, 깔깔깔 웃음소리가 끊이지 않았다.

다음 날 아침 우리는 유엔 체험단 캠프로 갔다. 아침 10시가 되자 15개 나라에서 온 45명의 체험단원들이 저마다 나라 국기 앞에 줄을 섰다. 서로 말은 안 통했지만 웃음으로 인사를 나눴다.

곧이어 체험단 단장이 나와 인사하면서 간단한 일정을 알려 주었다. 영어로 말을 하니 도무지 알아들을 수가 없었다. 단장의 짧은 이야기가 끝나자 하니 누나가 설명해 주었다.

"오늘은 청소 봉사를 할 거야. 각자 구역을 나누어 마을 구석구석을 함께 청소하는 거지."

"청소 봉사라……. 자신은 없지만 그래도 청소쯤이야 뭐."

나는 일단 자신 있게 말했다.

"자, 그럼 시작해 볼까?"

누나는 손가락으로 한 건물을 가리켰다.

"저쪽에 학교 건물 보이지? 우리가 맡은 구역은 저곳이야."

학교는 유니세프에서 지원하여 몇 해 전에 지어졌다고 했다. 산속 여기저기 마을이 흩어져 있지만 일주일에 한 번씩 모두 이곳에 모여 교육을 받는단다. 아이들뿐 아니라 어른들도 교육을 받는다고 했다. 이렇게 열악한 환경 속에서 공부를 하는 아이들을 보니 조금 미안해졌다. 공부 지옥에서 탈출하기 위해 이곳으로 온 나였으니 말이다.

건물 안은 작은 교실 다섯 개뿐이었다. 꽤 지저분했지만 책상도 있고 의자도 있어 제법 학교같았다.

"이곳은 어른들이 모두 일을 하느라 바빠. 게다가 부모가 없는 아이들이 많아서 아이들 역시 일을 해야 하는 경우가 많거든. 그래서 학교를 관리할 사람이 없어."

아이들도 일을 해야 해서 공부를 할 수 없다니 나로서는 상상하기 힘든 일이었다.

"우리 이왕이면 쓸고 난 뒤 물청소까지 하는 게 어떨까요?"

연구의 말대로 우리는 물청소를 하기 위해 책상과 의자를 모두 밖으로 뺐다. 그리고 물청소를 시작했다. 교실 바닥이 마르는 동안 유리창, 책상, 의자, 교실 문도 열심히 닦았다. 정말 오늘처럼 무언가를 열심히 해 본 적은 처

음이었다.

"나는 누군가를 위해 이렇게 열심히 청소해 본 게 처음인 거 같아."

유미가 말했다.

"나도 늘 선생님이 시키면 마지못해 하거나 엄마 등쌀에 밀려 내 방 청소하는 게 고작이었는데."

내 말에 하니 누나가 덧붙였다.

"애들아, 자기 자신이 아닌 누군가를 위해 청소를 해 보니 어때? 뿌듯하지 않니?"

"네. 맞아요."

우리는 입을 모아 대답했다.

"그게 나누는 기쁨인가 봐. 누나도 전에는 늘 불만이 많았지만 봉사 활동을 하고부터는 모든 일에 감사하게 되었어. 특히 사랑받아야 하는 아이들이 배우지도 못하고 고통을 당하는 곳에 유니세프의 손길이 꼭 필요하다고 생각해."

우리의 작은 도움으로 이들이 좀 더 깨끗한 환경에서 공부할 수 있다고 생각하니 빗자루를 잡은 손에 힘이 나는 것 같았다.

"누나는 왜 많은 국제기구 중에서 유니세프에서 일하기로 했어요?"

내 질문에 하니 누나는 잠시 생각하더니 웃으며 말했다.

"물론 다른 국제기구도 매력이 있지만 유니세프에는 그 어느 단체보다 봉사와 나눔의 정신이 더 깃들어 있다고 느꼈어. 어른들도 가난과 질병은 견디기 힘든데, 보호받아야 할 아이들이 가난한 나라에서 태어났다는 이유만으로 고통받는다면 정말 옳지 못한 일이잖니? 세상에는 정의롭지 못한 일이 많지만 나의 작은 힘으로 그런 세상을 조금이라도 바꿀 수는 없을까, 배고픔 때문에 죽어 가는 아이들을 도울 수 있으면 좋겠다고 생각하다가, 그런 일을 하는 국제기구가 있다는 걸 알았지. 그리고 이곳에 들어오기 위해 많은 노력을 했단다."

"그럼 언니는 꿈을 이룬 거네요?"

유미가 무척 부러운 듯 하니 누나를 올려다보았다.

"꿈을 이루어서 기쁘지만 아직도 고통받는 아이들을 생각하면 마음이 무거워져."

나는 앞으로 하니 누나를 존경하기로 했다. 누나 말대로 아이들은 희망이고 미래이므로, 그런 아이들을 도우며 살 수 있다는 것은 참 행복한 일인 것 같다. 그런 보람된 일을 직업으로 가진 하니 누나가 정말 멋있어 보였다. 그리고 아무 생각 없이 살아온 지금까지의 내가 부끄러웠다. 나도 누나처럼 멋진 꿈을 꾸기 위해 지금부터 조금씩 달라져야겠다.

나는 하니 누나의 말에 용기를 내어 라멘다에게 친구가 되어 달라고 말했다. 내 말을 하니 누나가 통역해 주자 라멘다는 환하게 웃었다. 라멘다의 웃음을 보며 나는 이 말을 다시 한 번 되뇌어 보았다.

'모든 아이들은 행복해질 권리가 있다.'

마지막 날에 생긴 일

드디어 유엔 체험 일정에 마침표를 찍는 날이다. 오늘 일정이 끝나면 내일 아침엔 한국으로 돌아가게 된다. 그렇게 생각하니 오늘이 더 아쉽고 특별하게 느껴졌다.

회의를 하고 온 하니 누나는 뭐가 그리 급한지 우리한테 오자마자 호들갑을 떨며 큰 소리로 말했다.

"애들아, 오늘은 특별한 손님이 오신대!"

"누가 오는데요?"

"대로가 가장 만나고 싶어했던 사람."

"반기문 사무총장님?"

"딩동댕! 지금 사무총장님이 예멘 근처에 와 있나 봐. 일정이 되면 이곳에 들릴 예정이래."

우리는 손을 마주 잡고 환호성을 질렀다.

으스름이 지는 저녁 무렵, 체험단 캠프에 마련된 작은 무대에 불이 켜졌다. 체험단들의 소감 발표가 시작되려나 보다. 먼저 한 시간 동안 편지 쓰는 시간을 가졌다. 어느 누구에게든 상관없이 체험 소감을 담은 편지를 쓰는 거였다. 나는 고민하다가 내 자신에게 편지를 써 보기로 했다. 이곳에 지원하게 된 동기와 처음 느꼈던 지루함과 불편함, 그리고 체험을 시작할 때 말썽을 일으켰던 사건들도 솔직하게 적었다. 또 예멘 아이들의 눈빛에서 본, 내가 꿈꾸지 못했던 많은 희망까지 모두 적었다. 우리는 서로 편지를 바꿔 읽고 발표할 사람을 정하기로 했다.

"누가 대표로 나갈까?"

갑자기 모두 조용해졌다.

"좋아, 그럼 투표를 할까?"

하니 누나는 종이를 잘라 각자 생각하는 발표자를 쓰라고 했다. 나는 유미 이름을 적었다. 하니 누나는 우리가 준 종이들을 펼쳐서 보여 주었다.

"세상에! 안 돼!"

누나를 비롯해 유미와 연구까지 모두 내 이름을 적었던 것이다.

"오늘 발표는 나대로, 꼭 네가 해라. 네 소감은 정말 감동적이었어."

유미는 우리가 만난 이래로 최고의 칭찬을 내게 해 주었다.

"그래, 대로야. 나도 네 편지 읽으면서 눈물 날 뻔했는데 겨우 참았어."

　연구도 내 어깨를 감싸며 칭찬해 주었다. 갑작스런 칭찬에 없던 용기가 생겼을까? 친구들의 격려에 힘입어 나는 한국 체험단 대표로 나가게 되었다.

　무대에 오르자 생각했던 것보다 더 떨렸지만 통역을 위해 함께 나와 준 하니 누나가 손을 꼭 잡아 주어 용기가 났다.

　처음으로 많은 사람들 앞에서 또박또박 내가 쓴 글을 읽었다. 이제껏 되고 싶은 것도 하고 싶은 것도 없는 나였지만 이번 체험을 계기로 분명 곧 멋진 꿈이 생길 거라고 끝을 맺었다. 그러자 모든 체험단 친구들과 마을 사람들이 박수를 쳐 주었다.

그때 자동차 두 대와 트럭 한 대가 캠프 쪽으로 들어왔다. 바로 반기문 사무총장님이었다. 우리는 얼른 달려가 인사를 했다. 사무총장님도 한 명 한 명 악수를 하고 따뜻하게 안아 주셨다. 사무총장님은 다른 체험단에도 가셔서 일일이 인사를 나눴다. 사무총장님이 엄청 대단해 보였다. 나도 반기문 사무총장님처럼 세계를 위해 일하는 사람이 되고 싶어졌다. 드디어 내게도 꿈이 생기려나 보다. 그것도 아주아주 근사하고 멋진 꿈 말이다.

사무총장님은 돌아가기 전에 마을 아이들에게 선물을 건네주었다. 아이들 한 명 한 명에게 꼭 필요한 것들로 선물이 다 달랐다. 라멘다의 언니는 선물로 받은 휠체어에 앉아 무척 행복해했다. 나는 라멘다의 언니를 태운 휠체어를 밀고 총장님 앞으로 갔다. 라멘다의 언니는 사무총장님에게 고맙다고 몇 번을 되풀이해서 말했다. 나는 기회를 놓칠세라 얼른 다가가 물었다.

"총장님, 저도 총장님처럼 세계를 위한 훌륭한 일을 할 수 있을까요?"

사무총장님은 무릎을 굽혀 내 눈높이와 맞춘 뒤 말했다.

"그럼, 미래의 꿈나무들이 못할 일이 뭐가 있겠니? 모든 사람들에게 기회는 반드시 찾아온단다. 다만 기회가 왔을 때 얼른 잡아야 하는 거야. 그러기 위해선 많은 준비를 해야겠지? 준비가 안 된 사람은 찾아온 기회도 놓칠 수 있으니까. 알겠지?"

그러고는 나를 꼭 안아 주셨다. 분명 나에게도 기회가 올 것이다. 그날이 언제인지는 모르지만 말이다. 열심히 꿈을 이루기 위해 준비를 하면 내게 온 기회를 놓치지 않으리란 자신감도 생겼다.

즐겁고 행복했던 예멘에서의 마지막 밤이 아쉽게도 지나가고 있었다. 이번 방학은 평생 잊지 못할 소중한 추억으로 꽉 찬 보물단지와도 같았다. 한국에 돌아가면 이곳도 체험단 친구들도 모두 그리워질 것 같았다. 나 혼자만의 마음이 아니라 우리 모두의 마음이었다. 그래서 우리는 이 밤이 더 길게 길게 계속 되었으면 하는 바람으로 손을 잡고 모닥불 주변을 돌았다. 아쉬운 마음은 그렇게 사그라질 줄을 몰랐다.

?! 궁금타파

유니세프는 어떤 일을 하나요?

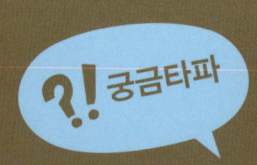

유니세프(UNICEF:United Nations Children's Fund)는 미래의 희망이라고 할 수 있는 어린이들을 돕는 국제기구입니다. 한글로는 '국제연합아동기금'이라고 부르지요. 제2차 세계대전이 끝난 뒤 1946년 12월에 설립되었어요.

전쟁을 겪으면서 배고픔과 질병으로 죽는 아이들이 많이 생기자 아이들에게 먹을 것과 입을 것을 주고 질병을 치료해 주기 위해 만들어졌어요. 지금은 질병, 교육, 아동 보호와 같은 다양한 분야에서 활동을 하며 전 세계의 어려운 아이들을 돕기 위해 노력하고 있습니다. 유니세프는 주로 국제적인 모금 활동을 통해 마련된 기금으로 아이들을 돕고 있어요.

유니세프는 왜 아이들을 돕죠?

오늘날 세계의 많은 아이들은 우리가 상상할 수도 없는 어려움을 겪고 있어요. 세계 어린이들은 질병, 식량 부족, 교육을 받지 못하는 환경 등 여러 가지 이유 때문에 고통받고 있지요.

유엔은 1990년에 아이들의 권리를 정의하는 '아동권리협약'을 발표했습니다. 이 협약은 언제, 어디서, 어떤 상황에서라도 모든 아이들이 자신의 잠재력을 계발할 수 있는 권리를 갖고 있으며, 아이들이 생존을 위한 기본적인 도움을 받을 수 있고

△ 질병으로 고통받는 임산부와 아이

어린이 스스로가 자신의 권리에 대해서 이야기할 수 있어야 한다고 말하고 있어요. 이 협약은 미국과 소말리아를 제외한 192개 나라에서 지키기로 한 약속으로 전 세계 가장 많은 국가가 동의한 국제법이기도 합니다.

수단 어린이들

또 세계 빈곤 문제를 해결할 수 있는 시작점이 바로 어린이에게 있어요. 가난은 아이들이 당연히 누려야 할 권리를 누리지 못하게 합니다. 가난은 아이들을 아프게 하고, 영양실조에 걸리게 하고, 신체적·정신적 건강을 해치지요. 이러한 환경에서 자란 아이들은 자신감을 잃게 되고 미래를 꿈꾸지 못하게 돼요. 꿈이 없는 아이들로 가득한 사회는 계속해서 가난할 수밖에 없지요. 이렇게 되풀이되는 빈곤 문제를 해결하기 위해 아이들에게 안전한 환경과 기본적인 교육을 제공하는 것이 참으로 중요하답니다.

유니세프에서 일하고 싶다면 무엇을 준비해야 할까요?

유니세프의 활동 분야는 보건 위생, 영양 개선, 식수 공급, 산모와 신생아의 건강, 기초 교육, 여성과 아동의 권리 등 다양해요. 유니세프에서 일하려면 공중 위생, 영양, 교육, 경제, 농촌 개발, 농업 경제 개발, 어성, 의학, 의사소통, 기계 기술 등과 관련된 학위와 경력이 필요하지요.

유니세프는 여러 전문가들이 모여서 '어린이'를 돕는 곳이에요. 말하자면 '어린이를 위해'라는 공통의 목표 아래 다양한 분야의 사람들이 일하고 있지요. 따라서 '유

니세프에 들어가기 위해서 무엇을 공부하고 어떤 학교에 들어가야 할까?' 하는 질문은 별 의미가 없어요.

유니세프에서는 모금 운동만을 전문적으로 하는 사람도 있고, 어린이들이 제대로 영양을 섭취하고 있는지 연구하는 영양 전문가도 있고, 어린이의 인권을 알리기 위한 홍보 전문가도 있어요. 이렇게 유니세프에서 할 수 있는 일은 아주 다양하답니다. 그래서 시험공부를 하듯 유니세프에 들어가기 위한 준비를 하기보다는 자신의 관심 분야를 찾아서 그 부분의 전문가가 되는 것이 먼저랍니다. 그리고 그 일을 유니세프에서 어떻게 펼칠 수 있을지 찾아보면 얼마든지 가능할 거예요.

유니세프에 관심 갖기

앞서 말했듯이 유니세프에서 일하고 싶다면 가장 먼저 해야 할 것은 '내가 하고 싶은 일이 무엇인가'를 바로 아는 것이에요. 하지만 여러분들은 아직 초등학생이니 내가 무엇을 하고 싶은지 잘 모르는 것은 당연해요.

그렇다면 일단 유니세프에서 어떤 일을 하는지, 관심을 갖고 현재 세계 어린이들에게 어떤 일이 벌어지고 있는지 알아야겠죠?

유니세프 홈페이지에 가면 '어린이들의 목소리'(http://www.unicef.org/voy/)라는 페이지가 있어요. 여기에는 전 세계 어린이들의 이야기가 담겨 있습니다. 전 세계 어린이들과 젊은이들이 어떤 생각을 하고 있는지 알 수 있을 거예요. '어린이들의 목소리'는 안타깝게도 유엔 공용어(영어, 프랑스어, 중국어, 아랍어, 스페인어, 러시아어)로만 되어 있어요. 다행히 한국에는 유니세프 한국위원회(http://www.unicef.or.kr)가 있지요. 유니세프 한국위원회에서 유니세프가 무엇을 하는 곳인지, 어떤 일들을 하고 있는지 자세히 알 수 있어요. 또한 초·중·고등학생들이 참여할 수 있는 지구촌 해외 캠프나 걷기 행사 등에 대한 정보를 얻을 수도 있어요. 일주일에 한 번이라도 관련 홈페이지를 둘러보며 국제 감각을 키워 봐요!

다짜고짜 인터뷰

유니세프 수단에서 일하고 있는 김경선

Q 어떤 계기로 유니세프에 들어가게 되었나요?

유니세프에서 일하기 전에 한국국제교류재단이라는 단체에서 3년간 일을 했습니다. 대학을 졸업하고 진로를 고민할 때 국제적인 일을 하고 싶다는 꿈이 분명했어요. 한국국제교류재단에서 그런 일을 할 수 있는 기회를 주었기 때문에 값진 경험이었죠.

그러던 중 국제기구 초급 전문가(JPO)로 선발되었고, 외교부에서 내가 일할 만한 여러 국제기구를 소개 받았습니다. 처음 몸담는 기관에서 계속 일하게 될 확률이 높은 만큼, 그중에서 내가 가진 가치관, 이상, 열정과 맞는 곳을 선택했지요. 첫 아이를 낳은 지 얼마 안 됐을 때라 아이들에 대한 마음이 남달랐어요. 그래서 유니세프를 선택하게 되었어요.

Q 아프리카 수단에서 가장 절실한 사업은 무엇인가요?

신문, 방송의 영향으로 대부분 지원이 일부 지역에만 집중되고 있어요. 수도인 카르툼 지역은 그나마 정부에서 많이 투자하니까 상황이 상대적으로 나은 편입니다. 수단 남부와 동북부 지역은 의료 환경이 나빠 임산부와 어린이의 사망률이 높은데도 전혀 도움을 받지 못해요. 수단은 오랜 기간 전쟁을 치루었지요. 소외된 지역은 보건, 교육, 기본 시설 등 모든 면에서 너무나 열악합니다. 일단은 사람을 살리고 보자는 다급한 마음에 식수 사업과 보건 사업에 집중하고 있어요. 하지만 저는 개인적으로 아동 보호와 교육도 그것 못지 않게 중요하다고 봐요. 어린 생명을 살려 놓기는 했지만 기초교육도 못 받아서 결국 소년병으로 전쟁에 나가야 하는 악순환이 되풀이되고 있거든요.

수단을 살리는 난민 캠프의 엄마와 아이

Q 수단에서 하고 있는 일을 소개해 주세요. 하루를 어떻게 보내세요?

저는 펀드레이징 스페셜리스트입니다. 우리말로 옮기면 기금 모금 및 관리 전문가지요. 유니세프 수단이 필요한 자금(연간 2억 달러 정도)을 모으는 일을 하고 있습니다. 보통 8시 30분에 사무실에 도착해요. 먼저 전자 우편을

확인한 뒤 답장을 하고 나면 보통 10시 30분. 오전에 회의가 있는 날은 회의에 참석합니다. 회의가 자주 있어서 전자 우편이나 보고서, 제안서, 공문을 처리하는 일은 늦은 오후부터 시작해요. 따로 점심시간이 없어서 끼니는 컴퓨터 앞에서 대충 해결할 때가 많아요. 그런 생활을 오래 하다 보니 건강이 많이 안 좋아졌어요. 그래서 요즘은 날마다 운동을 합니다. 운동을 하지 않을 때는 친구들과 만나거나 파티(외국인 사이에는 파티가 워낙 많습니다)에 가거나 제 블로그에 글을 올립니다.

안 되는 장애아였어요. 몸을 가누지도 못하고 걷지도 못하는 아이였지요. 또 영양 상태도 정말 안 좋았어요. 고아원 시설이 한 군데도 없는 남부 수단에서 장애를 가지고 태어나 엄마도 없이 살아야 하는 그 아이의 미래가 너무나 암담하게 느껴졌어요. 살아남기 힘든 한 생명을 보면서 심한 절망감을 느낀 일이 가장 가슴에 남습니다.

Q 가장 인상 깊었던 일을 하나 들려 주세요.

인상 깊다기보다는 너무 가슴 아픈 이야기인데요. 남부 수단에 갔을 때의 일입니다. 직원 숙소에서 밤새도록 아이 울음소리가 나는 거예요. 주방 일을 하는 분이 아기를 데려왔나 생각했지요. 그런데 알고 보니 유니세프 아동 보호 담당 과장이 난민촌에서 담당자와 회의를 하고 있는데 난민 가운데 누군가가 아이를 건네주었대요. 아이 엄마가 죽어서 돌볼 사람이 없다며 유니세프에서 어떻게든 도와 달라고요. '유니세프' 하면 아이들과 관련된 어떤 일이든지 해결할 수 있다고 생각한 거죠.
아이는 벌써 두 돌이 넘었다는데 겉으로 보기엔 8개월도

Q 유니세프에서 일하고 싶어하는 어린이들에게 들려주고 싶은 말은요?

무작정 유엔에서 일하는 것을 꿈으로 삼지 마세요. 먼저 자기가 하고 싶은 일을 통해 세상을 어떻게 바꿀 수 있을까를 먼저 생각하세요. 좋은 대학에 가거나 유엔에서 일하는 것보다는 세상을 좀 더 평화롭고 아름답게 만들자는 생각이 앞서야 해요. 유엔 그 자체가 목적이 되면 안 돼요. 내가 있는 지금 이곳이 나로 인해 어떻게 하면 더 살기 좋아질까, 항상 그것을 생각하고 산다면 자연스럽게 유엔에서 일할 수 있는 기회가 생길 거예요.

다시 제자리로!

"나대로, 얼른 학원 가야지. 뭘 그렇게 꾸물거려?"
"지금 나가요."

나는 한국으로 돌아와 여전히 우리 엄마의 학원 타령을 듣고 있다. 하지만 나에게 요즘 많은 변화가 생겼다. 이젠 엄마의 학원 타령에 짜증이 나지 않고 오히려 이렇게 챙겨 주는 엄마가 곁에 있어 든든하다. 물론 학원 수업은 여전히 지루하고 공부는 재미없다. 그래도 '공부하기 싫어', '학원가기 싫어'라는 말은 더 이상 내 입에서 나오지 않는다. 그건 분명 내가 달라지고 있다는 확실한 증거가 아닐까?

그리고 요즘 나도 믿지 못할 취미가 생겼다. 학원 밑에 있는 서점을 들락날락하게 된 것이다. 국제기구, 유엔 관련 책들을 읽는 취미가 꽤 오래 가고 있다. 이전의 나라면 상상도 할 수 없는 일이다. 여러 책을 읽으면서 깨달은 게 있다. 유엔 체험을 하는 동안 알게 된 세상 여러 곳의 이야기들이 책 속에도 가득하다는 것이다. 독서는 내게 더 이상 지루하고 재미없는 일이 아닌 또 다른 체험의 연속이 되었다.

무엇보다 가장 큰 변화는 내게도 꿈이 생겼다는 것이다. 나는 예멘에서 자매결연을 맺은 라멘다에게 한 달에 천 원씩 보내고 있다. 또한 라멘다와 편지를 주고받기 위해서 아랍어 공부도 시작했다. 아직은 직접 편지를 주고받기가 어려워 하니 누나에게 도움을 받고 있다. 번거롭지만 하니 누나는 직접 번역해서 편지를 보내 주거나 전화로 소식을 전해 준다.

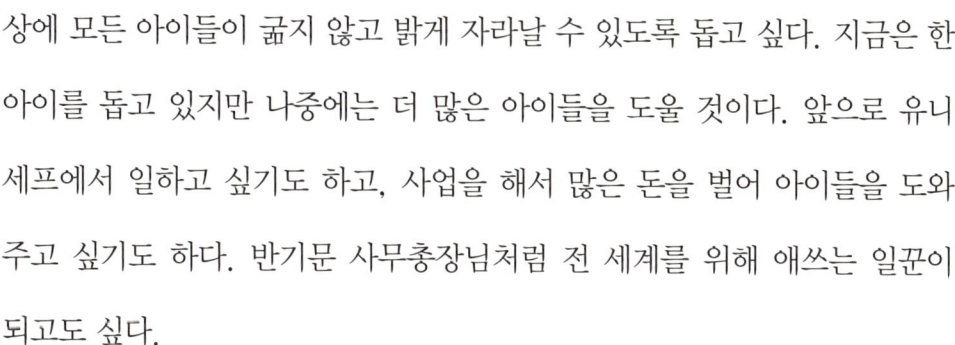

의사가 되고 싶다는 라멘다는 내게도 꿈을 갖게 해 주었다. 나는 우리나라뿐 아니라 세상에 모든 아이들이 굶지 않고 밝게 자라날 수 있도록 돕고 싶다. 지금은 한 아이를 돕고 있지만 나중에는 더 많은 아이들을 도울 것이다. 앞으로 유니세프에서 일하고 싶기도 하고, 사업을 해서 많은 돈을 벌어 아이들을 도와주고 싶기도 하다. 반기문 사무총장님처럼 전 세계를 위해 애쓰는 일꾼이 되고도 싶다.

유미와 연구도 꿈을 위해 더욱 열심히 준비를 시작했다고 한다. 연구는 유엔 국제기구에 들어가는 것은 마라톤과 같은 거라고 했다. 목표를 두고 오랜 시간 동안 노력해야 하니까 말이다. 유미는 책상에 작은 유엔기를 꽂아 놓고 인터넷 시작 페이지를 유엔 홈페이지로 고정해 두었다고 했다. 자신의 꿈을 항상 잊지 않고 노력할 수 있게 말이다.

앞으로 20년 뒤, 우리는 정말 다른 모습이 되어 있을 것 같다. 쉼 없이 준비하고 노력할 때 우리에게 분명 기회가 올 것이다. 그리고 우리는 그 기회를 절대 놓치지 않을 것이다.

오늘 나는 처음으로 라멘다에게 직접 편지를 써 보기로 했다. 물론 아랍어로 말이다. 아랍어로 긴 편지를 쓰기에는 아직 실력이 안 되지만 언제까지 하니 누나에게 부탁할 수는 없다. 다른 나라 말도 똑같은 언어일 뿐이다. 배우는 과정에서 좀 많은 준비가 필요할 뿐, 배울 수 없거나 불가능한 것은 아니다. 시험공부가 아니라 내 꿈을 위해서라고 생각하니 외국어 공부도 오히려 더 쉬워지는 것 같다.

미래의 꿈을 위해 세계 곳곳에서 열심히 준비하고 있을, 같이 체험했던 친구들을 떠올려 보았다. 꿈을 이루기 위해 열심히 노력하다 보면 언젠가 다시 만날지도 모른다는 생각도 들었다.

항상 제멋대로였던 나, 나대로를 꿈으로 가득 차게 만들어 준 유엔 체험이 고맙고 또 고맙다. 나는 계속 행복하고 멋진 꿈을 꿀 것이다. 그 꿈을 이룰 때까지 말이다.

아직 궁금한 것이 많아요!

 우리가 참여할 수 있는 활동은 없나요?

국제연합환경계획 툰자 세계어린이·청소년환경회의 한국 대표단 모집

기후 변화는 우리 모두가 해결해야 할 과제가 되었어요.
전 세계 어린이들과 함께 환경 문제를 고민할
대한민국 대표 어린이와 청소년을 모집합니다.
대상 : 만 10~14세 어린이 / 만 15~24세 청소년
자격 : 환경을 사랑하고, 환경보호를 실천하고 있는 어린이와
       청소년. 영어로 의사소통이 가능한 어린이와 청소년
주최 : 국제연합환경계획(UNEP)
주관 : 국제연합환경계획 한국위원회

툰자 회의를 아시나요?

툰자 세계어린이청소년회의는 2003년부터 시작한 유엔 공식 회의로 어린이 회의와 청소년 회의가 번갈아 가면서 열리고 있어요. 환경 단체 및 학교에서 적극적인 환경 활동을 해 온 전 세계 어린이들이 한데 모여 환경 활동 경험을 나누고 지구 환경 문제에 대해 함께 고민하는 자리입니다. '툰자'란, 스와힐리어로 '배려와 애정으로 대한다'는 뜻이에요.

ⓒ UNEP 한국위원회

미지로 가자!

미지 센터는 유네스코 한국위원회에서 운영하고 있는 서울청소년문화교류센터로 '미지(未知)의 세계'라는 뜻을 담고 있어요. 다문화 시대를 살아갈 우리 청소년들에게 다양한 문화 이해 프로그램과 국제 교류 체험의 기회를 제공하고 있어요.

판게아 프로젝트 '세계는 내 친구'

세계의 다양한 친구들을 만나 보고 싶나요?
그렇다면 '판게아 프로젝트'에 참여해 보세요!
활동 내용 : 언어를 뛰어넘어 퀴즈와 인터넷 가상 공간(Pangaea Net)을 이용해 세계의 청소년들과 다양한 문화를 체험하며 친구가 될 수 있어요.
대상 : 만 10~12세 청소년 24명 안팎
기간 : 해마다 참가자를 모집하여 한 해 동안 8회 진행
참여 국가 : 한국, 일본, 말레이시아, 오스트리아, 케냐(2010년 현재)
협력 기관 : 일본 NPO Pangaea

미지-대사관 협력사업

직접 그 나라에 가지 않고도 여러 나라의 문화들을 체험해 볼 수 있어요.
조금씩 다르지만 모두 소중한 다양한 문화를 직접 만나 보세요!
활동 내용 : 초등학생을 대상으로 한 다문화 체험 교육으로, 전통 의상과 공예품 전시, 영화 관람, 전통 춤 공연뿐 아니라 다양한 나라의 전통 음식을 만들어 볼 수도 있어요.
기간 : 2월~6월 / 8월~12월 (한 해에 4회 진행)
장소 : 서울청소년문화교류센터 미지 (www.mizy.net)
협력 기관 : 각국 주한 대사관 및 관련 기관

나눌수록 커지는 나!

돈벌자 씨가 엄청난 재산을 기부했다고 해요. 어린이 나눔 기동대가 되어 어떻게 하면 기부금을 공정하게 쓸 수 있을지 알아보아요!

활동 내용 : 나눌수록 커지는 나, '나커나'는 기부금을 올바로 쓰기 위해 나눔 기동대가 세계 답사를 떠나는 가상의 상황을 통해 자연스레 세계의 역사와 문화, 경제에 대해 배울 수 있어요. 학교에서 5~6명씩 모둠이 되어 12주 동안 함께 여러 나라의 문화와 역사를 알아보고, 기부금 계획서를 짜 보세요.

참여 방법 : 선생님이 직접 '나눌수록 커지는 나' 홈페이지(http://www.sharingedu.net/)를 통해 수업을 진행하거나, 전문 선생님을 학교로 모셔 수업을 진행할 수도 있어요.

협력 기관 : 유니세프 한국위원회, ING생명

지구촌 해외 캠프

유니세프 한국위원회는 해마다 7~8개 나라 청소년 500명이 참여하는 몽골 지구촌 해외 캠프에 2001년부터 참여하고 있어요. 세계 친구들과 함께 유니세프 사업 현장에 직접 가 보세요!

활동 내용 : 유니세프 사업 현장 방문, 봉사 활동, 세계 친구들과 미니 올림픽, 환경 여행, 몽골 박물관 견학 등

대상 : 초등 4학년부터 중학생까지

기간 : 해마다 여름에 열어요.

주최 : 유니세프 한국위원회

 ## 유엔 직원은 어떻게 뽑나요?

국제기구에 들어가는 방법은 여러 가지가 있어요.

먼저, 유엔 사무국에서 주관하는 국가별경쟁시험(NCRE : National Competitive Recruitment Examination)이 있어요. 유엔에서는 직원을 뽑을 때 몇몇 나라에 집중되지 않도록, 해마다 유엔 회원국의 예산분담금 규모와 인구 규모 등을 따져서 각 나라별로 '적정 진출 수준'을 따져 봐요. 유엔에 기여하는 수준과 그 나라의 인구에 견주어 유엔과 국제기구 직원 수가 적은 나라가 있으면, 그 나라의 국민들을 대상으로 국가별경쟁시험을 봐요. 모집 분야는 각 부서의 필요에 따라 결정됩니다.

한국은 유엔에 가입한 이듬해인 1992년 처음 시험을 치렀어요. 그 뒤로 거의 해마다 시험을 치르고 있답니다. 시험은 서류 심사 – 필기시험-면접의 순서로 이루어져요. 면접은 영어나 프랑스어로 진행됩니다. 선발된 사람은 국제기구에서 1~2년간 수습 직원으로 일한 뒤 정식 직원이 될 수 있어요.

다음으로, 외교부에서 치루는 초급전문가(JPO) 시험이 있어요. 초급전문가 시험에 합격하면 1~2년간 여러 국제기구에서 일하면서 경험을 쌓을 수 있어요.

그리고 국제기구나 비정부기구(NGO) 들에서 진행하는 인턴 프로그램을 잘 이용하면 좋아요. 인턴 프로그램은 국제기구의 일이 자신에게 잘 맞는지 미리 체험해 볼 수도 있고 외국어 공부에도 도움이 되지요.

그 밖에도 젊은전문가프로그램(YPP), 외교부의 후보자등록제도 등을 통해 유엔 및 국제기구에 진출할 수도 있어요.

3 유엔, 무엇을 준비해야 할까요?

먼저, 신문과 방송을 통해 세계 여러 나라의 상황을 자주 접하면서 내가 어떤 분야에 관심이 가는지, 그리고 어떻게 도움을 주고 싶은지 생각해 보면 좋을 거예요. 신문을 보면서 관심이 가는 기사는 따로 모아 두고 시간을 내서 되풀이해서 읽고 생각해 보세요.

유엔과 국제기구는 다양한 국적을 가진 사람들이 모여서 일하는 곳이에요. 얼굴 생김새나 피부색, 문화, 종교가 서로 다른 사람들이 함께 일하는 곳이기 때문에 다양한 문화와 풍습을 존중하는 자세가 필요해요. 세계 어린이들과 함께하는 행사나 모임에 참여하거나, 다른 나라 친구들과 편지를 주고받으며 외국인 친구들과 어울리면서 다양한 문화에 대한 열린 마음을 키워 보세요. 현재 우리나라에도 다문화 가정이 많지요? 나와 다르다고 무시하거나 차별하지 않고 함께 어울리며 서로 돕고 이해할 수 있는 마음가짐을 가져 보세요.

유엔과 국제기구에는 여러 나라의 사람들이 모여 있지만 모두 자기 나라의 말을 쓰는 것이 아니라 유엔 공용어를 사용한답니다. 그러니 그들의 말을 이해하고 내 생각을 전하기 위해서는 외국어 공부가 꼭 필요해요. 시험에서 좋은 점수를 얻기 위해서가 아니라 다양한 나라의 사람들과 함께 소통하기 위해서 외국어를 공부한다고 생각하면 외국

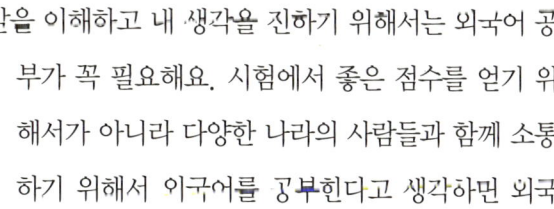

어가 좀 더 친숙하게 다가올 거예요.

　대부분 영어를 많이 사용하지만, 유네스코는 본부가 프랑스 파리에 있어서 영어보다는 프랑스어를 더 많이 사용해요. 그리고 아프리카의 여러 나라에서도 프랑스어를 많이 사용하고 있어요. 유네스코 본부나 아프리카 현지에서 일하고 싶다면 영어와 함께 프랑스어를 배우는 것도 좋을 거예요.

　그리고 무엇보다 국제기구에서 일하려면 적극적이고 진취적이며 긍정적인 성격을 가지는 것이 좋아요. 특히 유엔디피와 같이 현지 사무소가 많은 곳에서 일하다 보면 전염병에 걸릴 수도 있고, 전기와 물을 마음껏 사용할 수 없는 상황에 놓이기도 해요. 또 현지 원주민들과 말이 통하지 않는 경우도 많고요. 따라서 낯선 환경에 거부감을 느끼기보다는 새로운 모험을 한다는 긍정적인 마음가짐이 중요해요. 전 세계를 뛰어다녀야 하니 체력을 키우는 것도 중요하겠지요?

단순히 '유엔에서 일하고 싶다'가 아니라 자신이 어떤 분야에 관심을 가지고 있는지 바로 아는 것이 제일 중요해요. 그다음에 자신이 그 분야에서 무엇을 하고 싶은가를 생각하는 것이지요.

 4 유엔과 더 친해지고 싶어요

1 유엔 뉴스, 유엔 텔레비전, 유엔 라디오 등에 접속해 보세요. 국제 관계에 관한 지식과 더불어 영어 어휘력까지 덤으로 얻을 수 있을 거예요.

2 국제기구에서 제공하는 각종 간행물, 보고서를 활용해 보세요. 인권, 환경, 개발, 교육, 문화 등 다양한 주제에 대한 다양한 시각을 키울 수 있어요.

3 유엔 홈페이지를 꾸준히 접속해 보세요. 거기에 소개된 수많은 이야기들을 만나 보세요. 유엔 홈페이지는 날마다 새로운 정보가 오가는 흥미로운 곳입니다.

4 여러 국제기구의 한국위원회에 관심을 가져 보세요. 여러분들도 직접 참여할 수 있는 다양한 행사를 하고 있어요.

 그 밖에 어떤 국제기구들이 있나요?

● **국제노동기구(ILO)** 1919년, 노동자의 노동 조건과 생활 수준을 개선하기 위해 만들어졌어요. 1969년에 그동안의 활동을 인정받아 노벨평화상을 받았어요.

● **국제연합식량농업기구(FAO)** 기아 문제 해결에 앞장서며 농업, 임업, 수산업 개발에 대해 여러 나라의 정부와 전문 기구들 사이에서 의견을 조절하기 위해 만들어졌어요.

● **세계보건기구(WHO)** 보건 위생 분야의 국제적인 협력을 위해, 1948년에 세워진 전문 기구예요.

● **국제통화기금(IMF)** 세계 무역 안정을 위해 세워진 국제금융기구로, 금융 질서 확립, 국제 무역 확대, 생산 자원 개발 등에 힘쓰고 있어요.

● **국제부흥개발은행(IBRD)** '세계 은행'이라고도 하며 제2차 세계대전 뒤 복구 자금과 개발도상국에 대한 경제개발자금을 지원하기 위해 만들어졌어요.

● **국제민간항공기구(ICAO)** 국제 항공 운송을 발전시키고 국제 민간 항공의 평화로운 협력과 발전을 위해 만들어졌어요.

● **만국우편연합(UPU)** 우편물이 나라와 나라 사이를 자유롭게 오가게 해서 세계의 경제와 문화 교류를 돕기 위해 만들어졌어요.

● **국제연합인구기금(UNFPA)** 여러 나라의 인구 정보를 나누며, 인구 문제를 해결하기 위해 국제적 협력을 조정하는 유엔 총회의 보조기관이에요.

6 유엔에는 어떤 직업들이 있나요?

전문 직원(Professional Service)

● **정치담당관** 분쟁 해결, 평화 유지, 군사 안보 안정, 선거 감시와 지역 문제 전문 지식 등을 포함하여 유엔이 하는 정치적인 전문 분야를 다뤄요.

● **사회담당관** 유엔에서 관리하는 사회 개발과 복지 서비스 등 폭넓은 일을 해요. 범죄 예방, 형사 처벌, 불법 마약, 제도적인 개발과 대중 참여, 사회 복지, 여성들의 권리, 환경, 농촌 개발, 가족계획과 청소년, 장애자, 노인, 이주 노동자 들과 관련된 여러 가지 일을 해요.

● **재정담당관** 유엔에서 돈에 관련한 모든 일을 담당해요. 회계사, 회계감사관, 투자담당관 세 분야가 있어요.

● **경제담당관** 실제적인 경제 업무를 다뤄요. 국제금융개혁, 농산물과 광산품 거래, 다자간 무역 협상, 나라 사이에 주고받는 화물에 대한 세금 등과 같이 다양한 분야에 걸친 기획과 연구를 해요.

● **행정관리담당관** 모든 유엔 기구에 존재하며 각 기구의 인사, 재무, 총무, 컴퓨터 업무 등을 담당하는 책임자예요.

● **홍보담당관** 유엔홍보국(UN Office of Communication and Public Information)에서 주로 일하며, 세계 여러 나라에 유엔 활동을 알리는 일을 해요.

- **법무담당관** 유엔 법무국에 소속된 법률 담당 직원이에요. 담당 영역이 제한되어 있어 직원 수도 많지 않아요.

- **도서관원** 유엔에는 뉴욕 본부, 제네바 유럽 본부, 그리고 각 경제위원회에 도서관이 있고 유엔 문서나 유엔 관계 서적이 보관되어 있어요. 도서관원은 뉴욕에 140여 명, 제네바에 50여 명, 그리고 경제위원회마다 10~20명씩 있어요. 도서관원이 되려면 도서관학 석사학위와 관련 분야에 대한 2~3년의 경력이 필요해요.

- **번역, 통역자** 유엔 공용어 가운데 하나를 모국어로 사용하고 있는 사람을 대상으로, 1년에 한 번 시험을 통해 뽑아요. 유엔 공용어 중 2개 언어를 번역 혹은 통역할 수 있어야 해요. 어학 능력뿐만 아니라 국제 정치, 법률, 경제, 과학, 기술 등 폭넓은 분야의 지식이 필요해요. 아쉽게도 한국어는 유엔 공용어로 채택되지 않아 한국 사람은 채용하지 않는답니다.

- **인구 전문가** 경제사회개발국(NESDB) 인구부와 경제사회위원회 등에서 일하는 인구 및 인구 통계 분야 전문직원이에요.

- **컴퓨터 프로그래머** 각 기관의 회계, 인사 관리 등을 위해 컴퓨터 시스템을 만들거나 관련 프로그램을 개발하는 업무를 해요.

기능 직원(General Service)

- **비서** 전문직 담당자의 스케줄 관리나 문서 작성, 파일 정리 등을 해요.
- **회의 타이피스트** 회의 전문 타이피스트로 회의 진행 내용을 문자로 남기는 일을 해요.

영어, 프랑스어, 스페인어, 아랍어, 러시아어, 중국어 분야 타이피스트를 구해요. 유엔 공용어가 모국어여야 하고 문법 실력이 뛰어나야 해요.

● **경리, 통계사무** 전문직 담당관 밑에서 물자의 관리나 재정 관련 일을 해요. 회계학, 통계학 등의 분야에서 학사 학위를 받았거나 유엔 사무국에서 정기적으로 치르는 일반직 채용 시험에서 합격해야 해요.

● **현장 근무** 유엔의 평화유지군, 휴전감시단 등에 파견되는 차량 정비사, 무선 기사, 전기 기사, 비서 등이 해당돼요. 관련 분야에서 실무 경험이 있는 사람들을 주로 뽑아요.

● **보안담당관** 유엔 경찰관이에요. 유엔 본부는 치외법권으로 되어 있어 유엔의 질서 유지는 보안담당관이 맡고 있어요. 뉴욕 본부에 200여 명이 있으며 제네바와 비엔나, 각 지역의 경제위원회에도 배치되어 있어요.

● **유엔 가이드** 유엔 뉴욕 본부를 방문한 사람들에게 유엔 본부를 안내하는 사람이에요. 현재 30여 개 나라 출신 60여 명이 일하고 있어요.

현장 전문가(Technical Assistance Project Personnel)

● 한 분야에 대한 광범위한 지식과 경험으로 도움이 필요한 현장에 직접 나가 기술적으로 도움을 주는 사람을 말해요. 각 나라의 요청에 따라 3개월에서 3년까지, 일정 기간 동안 일을 해요.